REINSCRIPCIONES DEL PASADO
Nación, destino y poscolonialismo en la historiografía de África Occidental

CENTRO DE ESTUDIOS DE ASIA Y ÁFRICA

REINSCRIPCIONES DEL PASADO
Nación, destino y poscolonialismo en la historiografía de África Occidental

Mario Rufer

EL COLEGIO DE MÉXICO

966.8
R922r

Rufer, Mario
Reinscripciones del pasado : nación, destino y poscolonialismo en la historiografía de África Occidental. -- 1a ed. -- México, D.F.: El Colegio de México, Centro de Estudios de Asia y África, 2006.
160 p. ; 21 cm.

ISBN 968-12-1238-X

1. Benin -- Historia -- Siglo XIX. 2. Trata de esclavos -- Benin -- Historia. 3. África Occidental -- Historiografía.

Primera edición, 2006

Camino al Ajusco 20
Pedregal de Santa Teresa
10740 México, D. F.
www.colmex.mx

ISBN 968-12-1238-X

Impreso en México

We have not had the same past, you and ourselves; but we shall have, strictly, the same future.

CHEIK AMIDOU KANE, *The ambiguous adventure*

Necesitamos otro tiempo de *escritura* que pueda inscribir las intersecciones ambivalentes y quiasmáticas de tiempo y lugar que constituyen la experiencia "moderna" problemática de la nación occidental. ¿Cómo se escribe la modernidad de la nación como el acontecimiento de lo cotidiano y el advenimiento de lo memorable?

HOMMI BHABHA, *El lugar de la cultura*

ÍNDICE

A Nelso y a Vilma, mis padres
A José: *sine qua non*

AGRADECIMIENTOS

No es fácil explicar la situación liminar que vive un argentino, nieto de inmigrantes pobres italianos y alemanes, que llegó a México para estudiar África. Esas múltiples experiencias de alteridad me pusieron frente a varios espejos que se siguen reflejando hoy en día, alentado por las imágenes subsecuentes de todos aquellos que aportaron algo a este camino intelectual y de vida iniciado en septiembre de 2002 y sobre el que aún continúo.

Es por ello que quiero agradecer profundamente a los profesores del Centro de Estudios de Asia y África de El Colegio de México que han sido parte de este camino y que me han empujado a una poderosa experiencia, y de los que he tenido apoyo certero. Este reconocimiento tiene un trasfondo político, porque creo férreamente que una formación académica en el "sur"/sobre el "sur" es parte de una elección como sujeto geopolíticamente situado, posición de la que no puede escapar ninguna epistemología. En este sentido, a quienes nos ha tocado de cerca el esquilme del estado neoliberal en Latinoamérica (y sus consecuencias en la educación superior), sabemos redoblar el agradecimiento a un país del "Sur" —en las metageografías actuales— que nos permite formarnos académicamente. Además, para hacer mi posgrado conté con el apoyo de una Beca SYLFF (*Sasakawa Young Leaders Fellowship Fund*), programa con el que estoy profundamente agradecido, al igual que con los profesores Flora Botton y Jean François Prud'homme por el apoyo y la asistencia constantes.

Celma Agüero, directora de esta investigación, se lleva el agradecimiento sensible de quien recibió de ella la inspiración y el empujón inicial e indispensable para la elección de este camino, además de los referentes clave sobre la historia africana durante tres fructíferos semestres y largas sesiones de trabajo. A esto se añade un sentimiento especial de gratitud por su generosidad intelectual y humana a lo largo de los últimos años.

Agradezco especialmente a los lectores árbitros del trabajo, Saurabh Dube y Rina Cáceres, por su lectura detenida y sus comentarios alentadores y entusiastas. Mi deuda con Saurabh se acrecienta porque sin sus seminarios de teoría, este trabajo se leería de forma radicalmente distinta. Esos seminarios, su generosidad intelectual y las prolongadas conversaciones que sobrevinieron luego, me dieron la fuerza imaginativa para (re)leer las historias sobre las que aquí hablo, y plantear nuevos derroteros de escritura.

Mi reconocimiento a los profesores Mónica Cejas y Luis Mesa, porque en las dos presentaciones públicas de mis avances dieron sugerencias que me llevaron a pensar y releer partes del trabajo, e imaginar otros caminos de lectura. El diálogo con Mónica se ha prolongado fructíferamente gracias a su gran generosidad, a su ánimo emprendedor y generador de proyectos, y al tiempo que compartimos y disfrutamos en los seminarios de doctorado en los que fui su estudiante.

Agradezco a la coordinadora académica de posgrado, Hilda Varela, por su apoyo para solicitar las fuentes de este trabajo que no se encontraban en México, y al personal de la Biblioteca Daniel Cosío Villegas y en especial a Héctor González Araujo y Lourdes Guerrero, porque sin su ayuda el material que necesitaba hubiera sido imposible de hallar.

A los participantes de la *VII Fabrica de Ideas* llevada a cabo en Salvador de Bahía, Brasil, en agosto de 2004. Entre ellos especialmente a Ramón Grosfoguel y Chanzo Greenidge por sus comentarios a mi proyecto y por su aliento a continuar.

A mi gente de Córdoba, omnipresente, y a aquellos que en México me ayudaron a perfeccionar diariamente el duro oficio de la extranjería. Yissel Arce, interlocutora académica, amiga entrañable, compañera de estudio y de otras tantas emociones, ocupa un lugar especial por haberme enseñado a paliar los —no pocos— momentos difíciles con la solución más saludable: la risa.

Mi gratitud infinita a quienes este libro va dedicado. A José Agüero, que tuvo y tiene la mágica facultad de hacerlo todo posible: por lo que jamás podrán suplir las palabras. A Nelso Rufer y Vilma Damiano, mis padres, que serán siempre el referente de apoyo incondicional, aun sabiendo lo lejos que está de ellos esta tierra mexicana en la que vivo y ese mundo africano sobre el que escribo.

México, D. F., marzo de 2006

INTRODUCCIÓN. ESCRIBIR LA NACIÓN: HISTORIOGRAFÍA Y POSCOLONIALISMO

Evocar la historiografía africana de la "era independiente" implica referirse a los relatos del surgimiento de los pasados gloriosos, las "historias monumentales" de la nación que subsumieron en un metarrelato único los movimientos de "resistencia" de la década de 1950 y sus reclamos, bastante divergentes en su naturaleza discursiva. En este trabajo el antiguo reino de Dahomey será el principal foco, la excusa empírica y el lugar de transferencia para el análisis. Pensar en Dahomey —cuyo territorio ocupaba la mayor parte de lo que hoy es la República de Benin— implica casi automáticamente "imaginar" un episodio de la trata esclavista. Con escasas excepciones, su estudio está centrado en la importancia del comercio atlántico de esclavos, en la desmesura de su magnitud, en los engranajes internos de su funcionamiento. Así, los temas principales de la historiografía dahomeyana han versado sobre la constitución y el desenvolvimiento del reino a expensas de las organizaciones políticas vecinas, sobre el puerto de Whidah como centro principal de acciones comerciales, o sobre el cuello de botella que Dahomey debió sufrir con la abolición de la trata de esclavos a comienzos del siglo XIX. Sobre estos temas contamos con amplia bibliografía.[1] Sin embargo, son otras preocupaciones las que guían este análisis.

[1] Para un estudio específico sobre el comercio esclavista en Dahomey, entre los numerosos trabajos destacan: K. Polanyi, *Dahomey and the slave trade*, Washington, University of Washington Press, 1967; R. Law, *The slave coast of West Africa. The impact of the Atlantic slave trade on an African society (1550-1750)*, Oxford, Clarendon,

¿Es que no hubo una narrativa académica sobre el Sujeto Histórico de la nación en Dahomey? Los líderes contemporáneos de la República Popular de Benin no guardan para sí una construcción heroica que "irrumpa" en la historia con fuerza redentora; sin embargo, releyendo las historiografías africanas escritas en la "era independiente" sobre el periodo anterior a la invasión colonial del reino encontramos una clara (aunque poliforme) retórica sobre el desenvolvimiento de la nación. ¿En qué términos surgió entonces la idea de "comunidad imaginada"?[2] ¿Cómo fue posible engarzar el fantasma jamás exorcizado de la "responsabilidad" africana en el comercio atlántico de esclavos, con la idea "inmaculada" del surgimiento a la vez antiguo y revolucionario del Estado nacional dahomeyano? Si la historia se presenta como la *posibilidad narrativa de la modernidad*, ¿cómo fue que el sentido nacional de Dahomey se apropió de un significado singular de modernidad que opera *junto con* el reconocimiento histórico de los estragos continentales de la venta de seres humanos? ¿Cómo operó epistemológicamente el discurso histórico académico para engarzar en el metarrelato de la nación la pluralidad étnica de Dahomey, fruto de los accidentes históricos del propio comercio esclavista? ¿Qué silencios es posible identificar y exhumar a partir de otros repositorios y qué elementos productivos de sentidos sociales evidencian el discurso histórico africano sobre Dahomey?

Tomaré algunos textos históricos escritos en las décadas de 1960 y 1970 como fuentes para visualizar los puntos de

---

1991; R. Law, "Dahomey and the slave trade: reflections on the historiography of the rise of Dahomey", *Journal of African History*, 27, 1986; Elisée Soumonni, "Ouidah dentro de la red de comercio transatlántico de esclavos", en Rina Cáceres (comp.), *Rutas de la esclavitud en África y América Latina*, San José, Universidad de Costa Rica, 2001; Elisée Soumonni, *Dahomey y el mundo atlántico*, Río de Janeiro/ Amsterdam, SEPHIS-Centro de Estudos Afro Asiáticos, Universidade Candido Mendes, 2001.

[2] Aludiendo a la expresión de Benedict Anderson. B. Anderson, *Comunidades imaginadas*, FCE, México, 1991 [1983].

transferencia del discurso:[3] ¿Qué resonancias políticas están implicadas en una recurrencia casi unánime a "rescribir" la historia de Dahomey?, ¿qué problemas epistemológicos y políticos median en la utilización de los distintos repositorios? y, no menos importante, ¿qué seducciones[4] coloniales resignificadas persisten en la narrativa del Estado nacional? No estoy pensando en escritos unívocos, en "escuelas" de pensamiento o en el establecimiento hipotético de una serie programática de textos. Los fundamentos de mi elección se basan exclusivamente en la productividad significativa que proyectan, en la capacidad explicativa de sus argumentos y en el desafío que presentan a cualquier intento de visualizar un canon.

La historiografía posindependentista reforzó ciertos aspectos de la endogeneidad africana y silenció otros, reformuló y dislocó categorías occidentales y construyó un pasado limítrofe: no el que bosquejaron las historias coloniales, ni tampoco los pasados divergentes que narran las historiologías orales endógenas.[5] Es cierto que el pretexto metodológico de la utilización de los archivos orales no tomados en cuenta por la historiografía colonial fue una de las claves epistémicas de la arena historiográfica. Pero algunos de esos archivos endógenos también se silenciaron en esta historiografía. ¿Qué fronteras del imaginario histórico produjo este fenómeno?

[3] Los textos que analizaré con detenimiento son los siguientes, ordenados según la fecha de publicación: I. Akinjogbin, *Dahomey and its neighbors (1708-1818)*, Cambridge University Press, 1967; D. Ronen, "On the African role in trans-Atlantic slave trade in Dahomey", *Cahiers d'Études Africaines*, 11 (1), 1971; M. Glelé, *Le Danxomé. Du pouvoir Aja à la nation Fon*, París, Nubia, 1974; John Yoder, "Fly and Elephant parties: political polarization in Dahomey, 1840-1870", *Journal of African History*, XV, 3, 1974; A. Adeyinka, "King Ghezo of Dahomey (1818-1858). A reas-sessment of a West African monarch in the XIX century", *African Studies Review*, 17 (3), 1974; A. Djivo, *Guezo: la renovation du Dahomey*, París, ABC, 1977.

[4] En el sentido en que lo usa Frederick Cooper, "Conflict and connection: rethinking colonial African history", *American Historical Review*, 99, 1994, pp. 1517-1518.

[5] El concepto historio*logía* oral para remplazar al de historio*grafía* lo hizo célebre Jan Vansina. Véase J. Vansina, *Oral tradition as history*, Madison, University of Wisconsin Press, 1985, p. 195.

Las historias escritas que analizaré se abocan casi sin excepción a la tarea de desvincular a los africanos —dahomeyanos en este caso— de la responsabilidad en la trata de esclavos, al mismo tiempo que se advierte en ellas una (re)valoración de la monarquía africana del siglo XIX anterior a la colonia. Esto no resulta novedoso ni sorprendente. Lo que sí merece atención son las categorías con las cuales esa des-responsabilización se promueve, y los procesos de construcción analítica con que se valora a los monarcas del siglo XIX dahomeyano, para ubicar en ese espacio la invención de una continuidad africana, política y cultural. A la vez, era imperioso modernizar el imaginario político sobre África anterior a la invasión colonial, y allí, las categorías y los análisis historiográficos no necesariamente responden a un sustrato "africano" —si existiera algo como tal. Sobre esos procesos de imbricación, traducción e invención versará el estudio.

En la primera parte intento problematizar las discusiones recientes sobre las proyecciones múltiples y poliformes de la nación en la historiografía posindependentista de África, sus connivencias con el proyecto imperial y con los rizomas de la modernidad. A la vez, trato de dialogar con la crítica poscolonial —como una orientación analítica— que coadyuvó a deconstruir las formas como la nación mutó y a la vez se convirtió en referente de gran parte del discurso histórico académico africano. El primer capítulo constituye entonces el andamiaje conceptual que recorre el trabajo.

En la segunda parte analizo las formas a través de las cuales se "exorcizó" la figura fantasmagórica del comercio atlántico de esclavos en la historiografía independentista de Dahomey, cómo se relacionó productivamente con el comercio de esclavos con el nacimiento límpido de la nación dahomeyana, y cómo se engarzó históricamente la crítica coyuntura del final de la trata de esclavos para Dahomey, con una idea singular de *modernidad endógena* y de unilateral resistencia anticolonial.

La tercera y última parte constituye el nodo del trabajo. Es la más extensa y se divide en tres partes. En la primera analizo las configuraciones cambiantes de una idea persistente de proyecto-destino en la historiografía de Dahomey. El reino aparece como un estado-nación destinado a desarrollarse exitosamente, de manera latente o manifiesta, hasta re-emerger como sujeto verdadero en el momento en que esas historias se escriben, es decir, en el contexto de la independencia política de los estados. No se trata sólo de "constatar" la herencia ilustrada de esta narrativa, sino de complejizarla, analizar su desmesurada proyección teleológica en un contexto liminar: de resistencia anticolonial, de seducciones epistemológicas occidentales, de invención de un pasado "único y africano" pero inserto en la narrativa "universal" de la modernidad. En un apartado específico trato de discutir algunos conceptos concernientes a los calificativos coloniales sobre Dahomey: el "derroche" de los sacrificios humanos, la "barbarie" de un ejército de mujeres. Estos discursos son polisémicos en los albores del colonialismo, y particularmente rebatidos por la historiografía de la independencia.

En la segunda parte del capítulo se discuten la(s) figura(s) heroica(s) que emergen en el *corpus* historiográfico. No intento "encontrar" al héroe clásico caracterizado en la historia africana, sino más bien identificar las figuras contingentes que aparecen en el discurso histórico como las rectoras del desenvolvimiento subjetivo de la nación. Al mismo tiempo, intento destacar los elementos conflictivos que se presentan en el discurso historiográfico y la manera en que estos "héroes" forman parte de un proyecto-destino de Dahomey como sujeto-que-se-desarrolla en el Tiempo Histórico.

La última parte del capítulo es una exploración del modo en que la "invención" colonial de la etnia fue reapropiada por la historiografía independentista. En este sentido se trata de marcar una diferencia respecto a gran parte de la teoría que considera que la historiografía africana contribuyó a reprimir y silenciar la diferencia étnica. Al menos en el caso de Dahomey, el discurso histórico se muestra sumamente productivo: silencia fragmentos, exacerba otros, presenta la diferencia identitaria ya como inexistente, ya como exaltación definitoria de los límites del espacio nacional. A su vez, en este discurso sobre la "amalgama étnica", la diversidad poblacional y el choque con Europa, la mujer ocupa un espacio contradictorio de articulación, silenciado y a la vez exacerbado, que también analizaré. Finalmente, tanto en lo que se refiere al tratamiento del género como de la etnia, las ausencias o desmesuras son menos importantes en sí mismas que en lo que sus operaciones epistémicas dejan entrever.

TRADUCCIÓN, RAZÓN Y REINSCRIPCIÓN: APROXIMACIONES AL DEBATE DE LA HISTORIOGRAFÍA POSCOLONIAL AFRICANA

> Do Chinese historical materials prefigure a certain narrative of their own which Western and Chinese historians have to listen closely to and then reproduce as best as they can? Or are the historical material simply "noise", heterophony, the meaning of which is disclosed by the narratives through which the historian "symbolizes" them? If there is a prefigured narrative to be recovered [...] How can we know whose history it is and what other voices it suppresses?
>
> PRASENJIT DUARA, *Rescuing History from the Nation*[6]

En los años posteriores a las independencias africanas, la historia parecía constituirse como el discurso redentor de las posibilidades del continente volcadas hacia el espejo del pasado inexplorado, y como la garantía de las más amplias expec-

[6] Prasenjit Duara, *Rescuing history from the Nation: Questioning narratives on modern China*, Chicago y Londres, University of Chicago Press, 1995, p. 26.

tativas. Hoy, hablar de historiografía en África no sólo implica una revisión crítica de lo que podemos entender como las proyecciones hacia el pasado, sino que necesariamente implica situar qué tipo de discurso sobre el pasado se trabajará. Fuera del canon pueden quedar implícitamente las proyecciones discursivas del estado, pero difícilmente lo harán las producciones sociales de la memoria que circulan en la pintura callejera, en el relato de los últimos "archivos de la palabra", en los discursos alternativos y muchas veces contradictorios en el seno de los propios grupos étnicos.[7] En este trabajo abordaré sólo uno de estos discursos sobre el pasado: el histórico académico, seguramente el más reciente y signado por intersecciones significativas —entre historia y memoria, entre matrices africanas de reproducción del conocimiento y soportes europeos de producción epistemológica—; pero por eso mismo, el más controvertido.

Los términos poscolonial o poscolonialismo, además de no tomarse en este trabajo como adjetivos que califican una posición temporal (después de la colonia), tampoco implican la connivencia con una (o determinadas) forma de trayectoria histórica. La literatura sobre el uso del término poscolonial es amplísima: estudia desde la forma como este término indica la penetración de las antiguas configuraciones imperiales en las nuevas de los Estados nacionales, hasta las opiniones más abiertas que consideran la hibridez cultural y política del poscolonialismo como el "punto de partida" para un análisis de las relaciones de poder y diferencia.[8] Aquí, trataré

[7] Para una exploración de los diferentes lenguajes sobre el pasado en África, véase David W. Cohen, *The combing of history*, Chicago, University of Chicago Press, 1994; para un estudio de las historiografías locales "no académicas" y su recepción en el entorno social africano véase A. Harneit-Sievers, "Introduction: new local historiographies from Africa and South Asia: approaches and issues", en A. Harneit-Sievers (ed.), *A place in the world: new local historiographies from Africa and South Asia*, Leiden-Boston-Köln, Brill, 2002, pp. 7-26.

[8] Véase R. Werbner, "Introduction: multiple identities, plural arenas", en R. Werbner y T. Ranger (eds.), *Postcolonial identities in Africa*, Londres y Nueva Jersey, Zed Books, 1996, pp. 8 y ss.

de que los peligros despolitizadores queden disipados con un uso vigilante de este término que por momentos parece englobar toda condición intelectual, política, espacial y estatal que contenga los gestos "inevitables" de la experiencia colonial.[9] "Poscolonialismo", en el título y en las páginas de este estudio, contiene siempre una advertencia, una necesidad de leer las historias analizadas no bajo la lente omnipresente del sesgo colonial, sino con el recuerdo presente de lo que sus marcas son capaces de producir.

En primera instancia, el lugar de la historia como disciplina en el continente africano se suma a una serie de problemas políticos más amplios que llevan a considerar la relación de las políticas de la memoria con el Estado poscolonial. Algunos historiadores se han encargado de reforzar la idea de que en las ex colonias francesas (como el caso de Dahomey), los discursos locales "plurales" sobre la visión del pasado no florecieron con la misma intensidad que en otros espacios, debido al sello que habría impuesto la "administración directa" y la versión centralizadora del Estado poscolonial.[10] A esto habría que agregarle el papel ambiguo pero real de los intelectuales (y entre ellos los historiadores) en la construcción de ese estilo político. Pero por otro lado, está el tema siempre problemático del lugar de la nación en las historiografías posteriores a la independencia, y el rol de connivencia epistemológica que ha jugado allí la historia. Por último, el lugar de una agenda "posfundacionalista" del discurso histórico aparece como necesario. En ella, algunos historiadores hablan de una "crisis de relevancia" de la historia en países como Nigeria —debido en parte a las estrategias de cooptación de los discursos estatales—;[11]

[9] Véase los imperativos contra el término "poscolonial" que lanza E. Shohat, "Notes on the 'Post-colonial'", en P. Mongia (ed.), *Contemporary postcolonial theory. A reader*, Londres, Arnold, 1996, esp. pp. 323-325.

[10] Véase A. Harneit-Sievers, "Introduction: new local historiographies...", *op. cit.*, p. 23.

[11] Véase J. I. Dibua, "The idol, its worshippers, and the crisis of relevance of historical scholarship in Nigeria", *History in Africa*, 24, 1997, pp. 117-137.

otros teóricos promueven más bien la idea de que ha habido una "banalización" del discurso histórico, mientras otros llevan a pensar en la necesidad de búsqueda de un lenguaje plural de representación para *los* pasado*s* africano*s*.[12]

Por otro lado, la dificultad que hay en establecer una frontera demasiado precisa entre la historia académica y otras formas de aproximarse al pasado que existen en el continente fue puesta en evidencia por algunos historiadores.[13] En África, la historia como disciplina es de institucionalización reciente, y ese dato no sería tan importante si no fuera por la forma en que este discurso se enraizó simbióticamente con *tropos* locales de representación del pasado. A su vez, la "urgencia" por construir un pasado para las entidades políticas nacientes no sólo resultó en una represión de historias alternativas que desconocieran (o simplemente obviaran) al Estado nacional como sujeto soberano de toda narrativa, sino en una esencialización de la Nación como el *locus* productor de significación presente (y el lugar de necesaria proyección). Para Cooper, "los historiadores [africanos] han tratado de construir un pasado útil, pero focalizado en la nación".[14] En los momentos contemporáneos de desgarro de las estatalidades en construcción, de negociación problemática de las capacidades cohesivas del Estado nacional, no se trata de contraponer las invenciones sucesivas de la etnia y la nación. Más bien es necesario visualizar que los "pasados posibles" se tornan recursos controvertidos a los cuales se transfieren las utopías fragmentadas, las esperanzas redentoras de la identidad localizada llevada a su propia universalidad.

[12] Para citar sólo un caso representativo de este ultimo sentido, Mamadou Diouf, "Introduction: entre L'Afrique et l'Inde: sur les questions coloniales et nationales. Ecritures de l'histoire et recherches historiques", en M. Diouf (comp.), *L'historiographie indienne en débat. Colonialisme, nationalisme et sociétés postcoloniales*, París/Amsterdam, SEPHIS/Karthala, 1999.

[13] F. Cooper, "Africa's past and Africa's historians", *Canadian Journal of African Studies*, 34, 2, 2000, p. 298.

[14] *Ibid.*, p. 325.

La historiografía que ha recibido el calificativo de "africanista" y que con una fuerza epistemológica contundente trató de desembarazase de los clichés historicistas de la producción colonial —de los cuales, el ingreso de África en la narrativa del progreso fue el punto compartido por todas— tiene hoy sus propios críticos. Ya en 1986 el historiador Bogumil Jewsiewicki hablaba de la empresa intelectual de la UNESCO —que dio lugar a la monumental *General History of Africa* de nueve volúmenes— como un intento monolítico de diferentes vertientes empíricas, pero una sola naturaleza epistemológica: tratar de convencer a Occidente de que África tiene una historia "verdaderamente científica [...] como si el pasado de África fuera nulo o sin voz si le faltase una historia de universidad".[15] Temporalmente, quizás este historiador fue el primero en plantear dos puntos centrales en la discusión teórica que sobrevendría: la indisoluble relación entre la historiografía africanista y la condición política de la nación poscolonial, y el resultado de esta conjugación en un canon narrativo lineal, de herencia ilustrada. Este canon se caracterizaría por las fuertes estrategias represivas ejercidas por el pasado inventor de la nación y, sobre todo, por eficaces procesos de ocultamiento tanto de la genealogía del canon como de las estrategias aludidas. Las historias nacionalistas africanas utilizan tropologías narrativas occidentales —la linealidad de la trayectoria, la idea de destino en la realización del horizonte de expectativas, la figura del héroe—, pero a la vez imbrican la épica guerrera, las formas "tradicionales" de narrar el pasado y los referentes propios de la cultura política como intrínsecos al modelo lineal. Al hacerlo *traducen* las categorías en un esquema propio que ensalza la originalidad y la endogeneidad del proceso histórico, "puramente africano".[16]

[15] B. Jewsiewicki, "Introduction: One historiography or several? A requiem for Africanism", en B. Jewsiewicki y C. Newbury (eds.), *African Historiographies. What history for which Africa?*, California, Sage, 1986, p. 11.

[16] Tomo la perspectiva de Dipesh Chakrabarty, que plantea la necesidad de am-

Sin embargo, poco se ha dicho sobre esto en las discusiones académicas. La reticencia generalizada a presentar una crítica del nacionalismo, del pensamiento nacionalista y de sus "productividades" y recepción social en las ex colonias no es un atributo privativo de parte importante de la intelectualidad africana. Al contrario, esa reluctancia se repite en los ámbitos de Asia, África y América Latina por diversas razones. En primer lugar, por una especie de actitud defensiva ante los embates de la teoría contemporánea: "no podíamos hacer otra cosa en aquel entonces".[17] Por otra parte, las críticas al pensamiento intelectual nacionalista suelen estar dirigidas hacia anónimos colectivos, los llamados "historiadores del nacionalismo africano", frecuentemente sin identificación de obras, autores concretos, filiaciones académicas. Esto puede deberse a que estos historiadores (y otros intelectuales) son componentes actualmente productivos de conocimiento y de acciones políticas, pero también a que gran parte de esos pensadores son los que han llevado a cabo la labor de resistencia (intelectual y política) frente al colonialismo.

El problema radica en que suele confundirse una crítica a su pensamiento con una actitud devaluadora a todo el con-

---

pliar analíticamente el concepto relativamente estático de "tradición" por el más dinámico y dialógico de "traducción" —ya sea de la situación colonial o de la narrativa disciplinar histórica, como un concepto que permite dar cuenta de las adopciones, reinscripciones y transformaciones de las experiencias "modélicas" (coloniales, europeas, ilustradas, etc.) en experiencias vernáculas. Véase D. Chakrabarty, *Provincializing Europe. Postcolonial thought and historical difference*, Princeton, Princeton University Press, 2000, pp. 12 y ss.

[17] Una excepción siempre notable es la de Terrence Ranger. Un análisis cuidadoso de la trayectoria de su producción académica muestra claramente un espíritu de vigilancia dispuesto a revisarse a sí mismo y a historizar cautelosamente las corrientes de producción historiográfica. Analícese, por ejemplo, T. Ranger, "African initiatives and resistance in the face of partition and conquest", *General History of Africa*, vol. VII; UNESCO, 1986; "The invention of tradition in Colonial Africa", en E. Hobsbawm y T. Ranger (eds.), *The invention of tradition*, Cambridge University Press, 1983; y luego, desde un ángulo autocrítico, T. Ranger, "The invention of tradition revisited: the case of colonial Africa", en T. Ranger y V. Olufemi (eds.), *Legitimacy and the state in twentieth-century Africa*, St. Antony/Macmillan Series, 1993, pp. 63 y ss.; "Postscript. Colonial and postcolonial identities", en R. Werbner y T. Ranger (eds.), *Postcolonial identities in Africa*, Londres y Nueva Jersey, Zed Books, 1996, pp. 271 y ss.

texto de resistencia a la colonia. Nada de esto se asemeja a lo que intento proponer en este análisis. Por último, la reemergencia de movimientos de derecha en la era actual de globalización ha despertado también suspicacias hacia las críticas a la izquierda nacionalista.[18] Para dejar claramente establecidas las fronteras de mi análisis en este punto, considero que no se trata de "acusar" a la historiografía nacionalista por sus faltas o distorsiones; tampoco de olvidar el contexto histórico de su emergencia. Al contrario, se trata de apreciar siempre su productividad, realizar una labor etnográfica en los textos y detenerme en el lugar preciso de sus ambivalencias, de sus contradicciones, tratando de encontrar, en esos espacios, imaginaciones latentes de la nación, mandatos pedagógicos y acepciones performativas de modernidad vernácula.

Un punto importante aquí es la carga semántica —pocas veces explícita— que existe en el término "imaginario", comunidad "imaginada". Una de las contribuciones más importantes de Benedict Anderson ha sido la de distinguir claramente que lo que se entiende por nación como un artefacto imaginado no implica en absoluto derivar de ello la *falsedad* de la nación. Ella existe en todas las prácticas —incluso las textuales— que producen sentido, que dan cabida a la experiencia. Hablar de la nación o del nacionalismo como conceptos "resbaladizos", como apropiaciones contingentes, no implica novedad alguna. Necesitamos desmenuzar esa contingencia, explicarla en cada caso, para dotar de inteligibilidad a las prácticas poderosas (y violentas) que los imaginarios diversos de la nación siguen produciendo en la "era global".[19]

[18] Son interesantes, a este respecto, las reflexiones en G. Pandey y P. Geschiere, "The forging of nationhood. The contest over citizenship, ethnicity and history", en G. Pandey y P. Geschiere (eds.), *The forging of nationhood*, Nueva Delhi, Manohar-SEPHIS, 2003, pp. 11-12.

[19] Anderson focaliza allí su originalidad respecto a pensadores clásicos como Gellner, que ya habían hablado de la "artificialidad" de la nación, pero identificando en ella una necesidad de develar su falsedad, de *dejar de creer* en la nación. Véase un análisis exhaustivo en P. Chatterjee, *Nationalist thought and the colonial world. A derivative discourse?*, Minneapolis, University of Minnesota Press, 1986, pp. 18-20.

Lo que llamo aquí historiografías nacionalistas son en cierta manera una retórica de la liberación y la creación,[20] pero en sus figuras discursivas de genealogía iluminista y espejismos hegelianos, son a su vez una poética de la exclusión y del olvido, de connivencias evolucionistas con expresiones revolucionarias de quiebre e invención.[21] Lo que buscan, en parte, es mostrar las entidades políticas como esencias indivisas y unívocas,[22] en donde la Historia pueda hacer visible la posibilidad de la modernidad, una "modernidad endógena". En las historiografías africanas que analizaré, este último punto está claramente prefigurado. Si la Historia trabaja valiéndose de estructuras narrativas y figuras analíticas occidentales, éstas son adaptadas a un sentido "propio" de la experiencia, percibida como *telos.* Esto es, la irrupción de la nación en la historia es un momento paradójico: por un lado porque se "interna" en la narrativa —occidental, colonial(ista)— garante de la evolución lineal del Progreso, pero por otro lado, genera a su vez, un sentido de singularidad, originalidad de la experiencia.[23] En esa narrativa hay una figura doble, que es a la vez un tiempo doble de la nación, que Bhabha asocia con el doble freudiano: en el devenir del tiempo progresivo, las figuras arcaicas aparecen todo el tiempo, ya no como fantasmas, sino como irrupciones necesarias de lo atávico que nos llevan a cuestionar la visión homogénea y horizontal de la comunidad.[24] Es en esta doble figura paradójica donde radica la complejidad de la imaginación histórica africana de la independencia.

También sobre este punto véase D. Chakrabarty, *Provincializing Europe..., op. cit.*, pp. 149 y ss.

[20] G. Prakash, "Peut-on écrire des histoires postorientalistes du Tiers Monde? Réponses de l'historiographie indienne", en M. Diouf (dir.), *L'historiographie indienne en débat, op. cit.*, p. 48.

[21] Véase Prasenjit Duara, *Rescuing history from the Nation, op. cit.*, pp. 5 y ss.

[22] Véase J. Dibua, "The idol, its worshippers...", *op. cit.*

[23] Véase P. Duara, *Rescuing history from the Nation, op. cit.*, pp. 30-31.

[24] Véase H. Bhabha, "DisemiNación: el tiempo, el relato y los márgenes de la nación moderna", en H. Bhabha, *El lugar de la cultura*, César Aira (trad.), Buenos Aires, Manantial, 2002 [1994], p. 180.

Es importante pensar este proceso como aquello que Chakrabarty denomina la relación contradictoria, pero productiva que establecen las modernidades políticas de espacios poscoloniales con el pensamiento europeo. Para Chakrabarty, el pensamiento europeo es a la vez *inadecuado* e *indispensable* para comprender lo que constituye lo político y lo histórico en esas sociedades. Inadecuado por insuficiente, por no dar cuenta de los procesos de traducción y creatividad vernáculos. Indispensable porque la colonia emerge como remanente de lo que imprimió en esas sociedades, de lo que construyó con las figuras pedagógicas de Occidente, de lo que necesitamos hoy del pensamiento europeo para romper sus fronteras de imaginación. De la misma manera lo es para las historias que serán analizadas aquí.[25]

A su vez, una visión anticolonial, presente en gran parte de los casos, no se aleja necesariamente de las concepciones "orientalistas" que esencializaron el pasado —de África en este caso— ni de los binarismos clásicos que las modernidades coloniales inventaron (y reinventan).[26] Fundamentalmente porque en la urgencia política de un pasado nacional se traspolaron las figuras (la idea de comunidad política, de *telos* republicano, de unidad cultural ahistórica) referentes no tanto de la nación europea, como de la trayectoria histórica occidental. La idea redentora de un "pasado digno" para el presente instauró la urgencia por una voz autorizada —académicamente— para plasmar una narrativa acorde con un "horizonte de expectativas" que en África se presentaba absolutamente prometedor y al mismo tiempo, incierto. La forma más clara con que se solucionó esta tensión fue imprimiendo en el discurso académico una noción genealógica de destino histórico: algunos pueblos llevaban inscrita en su génesis la idea desplegada

[25] Véase D. Chakrabarty, *Provincializing Europe...*, *op. cit.*, p. 6.

[26] Véase Saurabh Dube, "Espacios encantados y lugares modernos", en Saurabh Dube, Ishita Banerjee-Dube y Walter Mignolo (coords.), *Modernidades coloniales. Otros pasados, historias presentes*, México, El Colegio de México-CEAA, 2004, pp. 108-109.

de una evolución posterior hacia la unión nacional y la soberanía política. La raíz pivotante de este nuevo discurso se hundiría en el pasado memorial, buscando en un espejo cultural histórico —a veces la "tradición", a veces, como veremos, la "teoría social antigua"— no sólo las justificaciones políticas para el telón presente, sino también los deberes históricos del estado poscolonial. La historia devino parte de una memoria selectiva del estado nacional recién creado, pero también imperativo categórico, historia-garantía[27] para un futuro que no podía librarse sólo al "tiempo de la espera".[28] En este sentido, una razón legisladora como direccionalidad posible se impuso en gran parte de las historiografías nacionalistas: el texto historiográfico puede ser leído —en una de sus tantas posibilidades— como el despliegue textual de esa racionalidad.

La cuestión de la nación en las historiografías del "sur global", entendiendo por esto los espacios que tienen en su historicidad la experiencia de la colonia, y siendo conscientes de los problemas conceptuales que tiene la expresión, ha tomado carices de discusión teórica algunas veces confusos. Es necesario aclarar que no estoy pensando en "el fantasma" de la nación como un espectro unívoco y omnipresente que aparece en todos los discursos, como el metatexto que condiciona cualquier forma de escribir la historia. El historiador N. Wickramasinghe ha lanzado contra el grupo de los Estudios Subalternos (y contra una vaga calificación de "historiadores posmodernos") la "responsabilidad" de haber inculcado en los historiadores un imperativo categórico de "buscar" la nación

[27] Véase Saurabh Dube, *Genealogías del presente. Conversión, colonialismo, cultura*, México, El Colegio de México-CEAA, 2003, pp. 22 y ss.

[28] Me refiero al progresivo alejamiento, a partir del siglo XVIII, de lo que Reinhart Koselleck llamó el "espacio de la experiencia" y el "horizonte de la espera o de expectativas". La modernidad habría traído consigo esa "ansiedad" por un horizonte de expectativas siempre novedoso, siempre en cambio. Sin embargo, la nación necesita de ese hiato pero también requiere la actualización contemporánea, o la creación anacrónica, de ese espacio de experiencia, la historia lejana, el sentido pedagógico de la nación en su pasado. Véase R. Koselleck, *Futuro pasado. Para una semántica de los tiempos históricos*, Barcelona, Paidós, 1993 [1979], pp. 333 y ss.

allí donde habría "otras cosas", sujetos sociales con identidad esparcida, producción de sentido social en espacios incluyentes de identidad que nada tienen que ver con la nación.[29] Así, ésta se habría convertido en una especie de "mercancía expiatoria" para obviar, acorde con los imperativos políticos de la globalización, los objetos de estudio que realmente pertenecen a la historia y viabilizan la conciencia del cambio. Wickramasinghe reclama el regreso a la historiografía antigua con un mandato de releer a la izquierda inglesa de la década de 1970[30] y a las "generaciones" más recientes de *Annales* para encontrar allí el "sujeto" de la historia que es necesario recuperar; sin embargo, su problema está en que no tiene en cuenta el proceso de retroalimentación que existe entre las categorías de análisis y el mundo social. La nación no es una obsesión intelectual en el espacio académico inmaculado de la escritura de la historia, porque el "campo intelectual" está informado —y se constituye con— los sentidos sociales que se reproducen en las prácticas, a la vez que influye de manera contundente en el mundo social. Esto es más persistente en África contemporánea, donde las políticas académicas están profundamente condicionadas por "política política", a la vez que la informan claramente. En cuanto a la acusación contra los Estudios de Subalternidad, en todo caso vale la expresión de Mamadou Diouf: "los historiadores del grupo de Estudios Subalternos develan de manera muy precisa los mecanismos por los cuales las naciones se realizan en el mundo como los actores exclusivos —o más bien los sujetos singulares— de la historia, al mismo tiempo que la historia se presenta como el modo específico de ser, la fórmula singular de la nación".[31]

[29] Véase N. Wickramasinghe, "L'histoire en dehors de la nation", en M. Diouf (comp.), *L'historiographie indienne en débat. Colonialisme, nationalisme et sociétés postcoloniales*, París/Amsterdam, SEPHIS/Karthala, 1999, pp. 419 y ss.

[30] Se refiere al movimiento de la "Historia desde abajo", promovido por E. P. Thompson, Eric Hobsbawm, George Rudé, entre otros.

[31] Véase M. Diouf, "Introduction: entre L'Afrique et l'Inde...", *op. cit.*, p. 22.

En este trabajo exploraré el discurso histórico académico de las décadas de 1960 y 1970 sobre el reino precolonial de Dahomey, tratando de analizar la mayor parte de esos puntos en tensión. Esto permitirá visualizar cómo la nación —en sus fragmentos, en sus contradicciones, en su adopción africana— es algunas veces el vector de sentido en la realización histórica, otras veces el sujeto agenciado de maneras diversas, y otras tantas, el *espacio silencioso de referencia*[32] en la narrativa histórica. En el proceso de retroalimentación entre este discurso y los mundos cotidianos se producen los silencios forzados, la construcción heroica del pasado, la justificación digna del presente, y es allí también donde aquellas "historias populares", revueltas "lógicas" de las multitudes, son engarzadas en el metarrelato de la nación, a la vez que se reproducen los sentidos "prístinos" de la tradición. Son esos procesos narrativos los objetos del análisis, y no la nación como hiperrealidad omnipresente.

Mientras las historiologías orales se proclamaban como el nuevo "hallazgo" metodológico para desplazar el colonialismo de la ciencia social, en los actos performativos de la narrativa histórica, se produjeron indudablemente desplazamientos, distorsiones y "traducciones" de las experiencias coloniales. Sin embargo, las memorias orales periféricas al Estado nacional liberado, aquellas en las que las mujeres campesinas desafían la ideología de la "unidad" a partir de la proclamación de la diferencia identitaria, o las periféricas a los nodos de poder político y económico que informan sobre circuitos de relación social alternativos, en la mayoría de los casos no aparecen en los grandes relatos de la "era" independentista. Estos silencios no son sólo represivos, sino productivos. Fundamentalmente porque fue menester "disciplinar" las temporalidades étnicas (lo cual no sólo significó ausentarlas de la narrativa, sino tam-

[32] La expresión proviene de P. Duara, *Rescuing history from the nation, op. cit.*, p. 23.

bién a veces exaltarlas) y subsumirlas en un metarrelato que prefiguraba, un pasado de experiencia monolítica, la singularidad de un origen destinado a la culminación política exitosa.[33] En estos procesos de ocultación de actores, de silenciamiento narrativo de pasados disidentes, de coexistencia de memorias marginales y re-creación contingente de los pasados sociales, la historiografía es uno —y sólo uno— de los espacios de contienda y de tensión en el cual la nación, el pueblo, la comunidad, se crean y reproducen constantemente, alimentados por el espacio de la realidad social y devolviendo a ella una imagen digerida, pero nunca acabada del "sentido" histórico.

La oposición al colonialismo en términos historiográficos, al menos en las primeras décadas anteriores a la emergencia de la Teoría de la Dependencia y sus repercusiones africanas en Dar es Saalam, y cuando aún se proclamaba el rescate de los pasados oralizados a los que aludimos, se inscribió en nombre de una esencia africana, leída de la Razón Legisladora que se desenvolvía en la Unidad de la Gran Nación *pan*africana.[34] Para Mamadou Diouf, la obra de Cheikh Anta Diop y sus intentos por restablecer la idea de una única noción civilizatoria desde el Nilo hasta El Cabo es el mejor ejemplo de este intento.[35]

Lo cierto es que esa singularización del pasado en la narrativa única de la "búsqueda" imaginaria de la comunidad primigenia (cuyo producto más acabado es, como puntualiza Diouf, el panafricanismo) ha provocado recientemente un giro hacia la idea de que es necesario restituir la fuerza política de las narraciones plurales que privilegian el sentido de

[33] Véase M. Diouf, "Des historiens et des histoires, pour quoi faire? L'histoire africaine entre l'état et les communautés", *Canadian Journal of African Studies*, 34 (2), 2000, p. 337.

[34] Véase G. Prakash, "Peut-on écrire...", *op. cit.*, M. Diouf, "Introduction...", *op. cit.*

[35] También lo reconocía ya Yoro Fall en la década de 1980. Véase Yoro Fall, "L'histoire et les historiens dans l'Afrique contemporaine", en René Rémond (dir.), *Être historien aujourd'hui*, París, UNESCO-Erès, 1988, pp. 195 y ss.

la heterogeneidad. Diouf establece que los discursos históricos poscoloniales han proliferado "sin instaurar la posibilidad de construcciones plurales y opuestas del pasado".[36] Sin embargo, "simplemente celebrar una proliferación de pasados o la desestabilización de narrativas no implica un avance en la escritura de la historia o un pensamiento claro sobre tópicos políticos".[37]

Surge entonces una pregunta clave para la urgencia política: ¿hasta qué punto la producción de pasados heterogéneos no es sino una forma de confundir el descentramiento de la unidad de realización histórica con la proliferación esteticista de una historiografía incapaz de explicar las situaciones presentes?[38] No sólo es necesario exhumar la divergencia étnica o religiosa, sino también y sobre todo la forma como la proscripción de esas diferencias dio resultados políticamente innovadores. De todas formas, la historiografía nacionalista proveyó un plafón narrativo del pasado desde el cual poder plantear un imaginario político. Tal vez el problema de las nuevas historiografías del "tercer mundo"[39] está en que al desmitificar la historia (el pasado) como el espacio de realización de la experiencia progresiva, ponen a la historia (la disciplina), la narración sobre el pasado, como el *locus* de rescate de la pluralidad identitaria.

La "solución" a las fórmulas uniformes de la historiografía nacionalista —bastante relativa— no estuvo precisamente en el desarrollo de la antropología posestructuralista o en la

[36] Véase M. Diouf, "Introduction...", p. 22.

[37] Véase F. Cooper, "Africa's past...", *op. cit.*, p. 326.

[38] Pensadores de la poscolonialidad latinoamericana han establecido los vínculos de esta "proliferación de la diferencia" vaciada de sentido político, como parte del proyecto del "sistema mundo", y no como muestra de su superación. Véase Santiago Castro Gómez, "The Social Sciences, Epistemic Violence and the Problem of the 'Invention of the Other'", en Saurabh Dube, Ishita Banerjee-Dube y Edgardo Lander (eds.), *Critical Conjunctions: Formations of Colony and Formations of Modernity*, número especial de *Nepantla: Views from South*, vol. 3, núm. 2, Duke University Press, 2002.

[39] Véase G. Prakash, "Peut-on écrire...", *op. cit.*

historiografía marxista, que impusieron una nueva manera de leer el conflicto o la "relatividad" cultural en los espacios no occidentales. Al contrario, todos estos discursos promueven algún tipo de "fundacionalismo", y en este sentido Prakash nos recuerda la forma como la ciencia social estructuralista y teóricamente despojada de sus connivencias con los imperios occidentales, moldeó y dictó, en cierta medida, las políticas del desarrollismo.[40] La historia nacionalista se proyecta en la esencia de la identidad indivisible, el análisis marxista en la universalización del conflicto como espacio único de desenvolvimiento de la clase; la antropología o los estudios de área de las décadas de 1960 y 1970 como los vehículos para analizar un nuevo canon del esquema cultural (que, sin embargo, no se despojaba de los vestigios cartesianos).

¿Cómo se plasmó esa singular relación entre el Estado africano poscolonial y las "formas de imaginar pasados posibles" en África? John Lonsdale plantea que los historiadores siempre tienen (implícita o explícitamente) en mente, el terreno ideal del futuro.[41] Hayden White también hablaba de la "deseabilidad de lo real" entre los historiadores.[42] Sin embargo, esa deseabilidad es parte de un proyecto moderno, un producto de la modernidad. Ese ideal de futuro es necesariamente plural, o al menos así debería ser según Lonsdale. Pero en África es la imposibilidad de asociar la pluralidad al pasado lo que impediría la emergencia de lenguajes alternativos. El Estado hace viable la emergencia de esa "deseabilidad" en la construcción de un destino único *pre-visto* en el pasado. La historiografía africana sigue siendo en parte un discurso de Estado, y ésta es una realidad que ya notaban con preocupación los historiadores en la década de 1980.[43] A su vez, para

[40] *Ibid.*

[41] Véase J. Lonsdale, "African pasts in Africa's future", *Canadian Journal of African Studies*, vol. 23, núm. 1, 1989, p. 127.

[42] Véase H. White, *El contenido de la forma*, Barcelona, Paidós, 1992 (esp. caps. 1 y 2).

[43] Véase principalmente B. Jewsiewicki, "One historiography or several?...", *op. cit.*, p. 16.

Lonsdale la sociedad civil está desprovista de sus armas de "defensa" porque no cuenta con un lenguaje político legitimado, anclado en un sentido histórico de la experiencia real. Por ende, la "autonomía moral del lenguaje político" y la existencia de un "lenguaje político útil" son necesarios para reinstaurar la idea de una población efectivamente poderosa.[44]

Sin embargo, aquí hay un problema que es necesario examinar, según mi lectura. La existencia de una "agenda teórica poscolonial" que dio relevancia a la "diferencia" y a la autonomía del agente en la historia se enfrenta con la represión de las manifestaciones intelectuales alternativas en el espacio africano. Si este punto no es analizado con cautela, puede llevar al argumento simple del "atraso" africano en términos de la "autonomía" del campo intelectual respecto al político. Evidentemente esto no tiene en cuenta que en la imbricación entre una "historia oficial" y los lenguajes políticos del ejercicio de la memoria se instaura un espacio de suma riqueza social. El lugar de "lo oficial" tiene un sentido en las connotaciones de la autoridad, no porque todo se "crea", sino porque "lo oficial" no marca necesariamente una exterioridad respecto a las políticas académicas o a la circulación social del conocimiento. Al menos en el caso africano, es en medio de ambos donde "lo oficial" se resignifica y donde es necesario rescatar la polisemia del discurso histórico.

La tesis central del historiador Lonsdale es que hay pasados reprimidos que inciden directamente en la imposibilidad de ver "futuros posibles" alternativos.

> ¿La búsqueda de valores humanos (el nodo de cualquier lenguaje político efectivo) por el historiador debe necesariamente subvertir a los Estados africanos o en realidad el Estado africano puede beneficiarse de una nueva búsqueda historiográfica? Si África puede tener algún tipo de futuro, entonces debe serle posible un pasado diferente, más allá de lo que éste parezca subvertir en el presente.[45]

[44] Véase J. Lonsdale, "African pasts...", *op. cit.*, p. 125.
[45] *Ibid.*, p. 130.

El problema en este tipo de propuestas es que la historia se ve "fuera" de las relaciones de poder que la constituyen como narrativa, sea cuales fuesen esas relaciones.[46] Lonsdale no puede dejar de ver nuevamente a la historia como "narrativa garante" de un espacio de referencia progresivo. Podríamos preguntarnos hasta qué punto hay demasiada desconfianza epistemológica teñida de garantía política en la ciencia social, en qué medida el problema del sujeto cognoscitivo —el historiador en este caso— queda relegado de esta problemática referencial, y hasta qué punto hay una necesidad de ver en la construcción de la historia un *surplus* político que promueva la "salida exitosa" de África a partir del reconocimiento "plural" de su pasado.[47]

Pero es un hecho que las políticas de la memoria no son precisamente una "garantía exitosa" en toda África. Hegel condenó al continente al ostracismo de la Idea —no sólo de la Historia, que es lo que comúnmente se aduce— y los estados poscoloniales en raras ocasiones pretenden asumir la responsabilidad política de apoyar la emergencia de una "conciencia histórica", crítica o redentora a través de políticas públicas claras. El historiador nigeriano J. Dibua plantea la discusión sobre lo que él denomina una "crisis de relevancia" de la historia como disciplina y como saber de circulación social en Nigeria, a partir de la década de 1980 hasta la actualidad.[48]

[46] Duara especifica que es necesaria una visualización de la identidad nacional como un proceso maleable, intercambiable con otras expresiones identitarias. Esto no sólo ayudaría a recrear las narrativas de representación histórica como fragmentos enriquecidos, sino también revelaría su potencial "tan subversivo como sostenedor" del Estado nacional. Véase Prasenjit Duara, *Rescuing history from the nation...*, *op. cit.*, p. 9.

[47] Baste recordar, como expone Harneit-Sievers, que la escritura de la historia posindependentista algunas veces construyó los primeros pasos de la "conciencia étnica", y no, como generalmente se piensa, que la historia descubrió la etnia. El rol de la producción intelectual nacionalista en este punto es aún un tema silenciado en gran parte de la historiografía africanista. Véase A. Harneit-Sievers, "Introduction: new local historiographies...", *op. cit.*, pp. 23-24.

[48] Recientemente Sudáfrica ha visto un desmantelamiento de los financiamientos públicos destinados a proyectos de investigación histórica. Este país ha tenido

Dibua vuelve a poner sobre el tapete el hecho de que las historiografías nacionalistas dieron "una imagen estática del pasado africano, pero además aplicaron de forma reaccionaria el proyecto epistemológico evolucionista/modernizador".[49] Sin embargo, su explicación a la "crisis de relevancia" actual de la historia en Nigeria va en dos sentidos: por un lado, la necesidad del Estado de reducir el costo de oportunidad de cualquier manifestación (incluso intelectual) de diversidad al interior del mismo; por otro, y directamente relacionado con esto, Dibua sitúa la falta de originalidad y de relevancia social en las temáticas de los historiadores nigerianos actuales, que se han vuelto "anticuarios".

Quisiera mencionar dos puntos sobre el análisis de Dibua. En primer lugar, su explicación de la crisis de relevancia a partir de la imputación "nietzscheana" a los historiadores románticos —aquellos "anticuarios y eunucos del presente"— está fuertemente teñida de una concepción "utilitarista" y occidental de la ciencia social. Además de abogar por una autonomía demasiado marcada del campo académico, si hay un argumento difícil de sostener sobre la historiografía africana es su eventual alejamiento de la política del Estado. Quizás habría que analizar con mayor profundidad las connivencias de las políticas de la memoria que llevan a cabo los historiadores en medio de la "estética vulgar" desmesurada de las manifesta-

sin embargo, uno de los movimientos más renovadores en la exploración de las políticas de la memoria respecto al *apartheid.* Pero la indagación y el reclamo de esos "pasados públicos" no siempre ha resultado "cómoda" para el estado conciliador post-apartheid. La restricción del presupuesto destinado a proyectos de investigación histórica tal vez no tenga su explicación sólo en la definición de "prioridades" de mercadotecnia. A veces el "horizonte de expectativas" de una nación en estado de "convulsión" se presenta ante el órgano político gobernante como "el espacio de la realización absoluta". La reconciliación sudafricana —y no creo que sea el único caso— zigzaguea entre la necesidad ético-política de recordar colectivamente y la voluntad igualmente política de olvidar ciertos hechos. Podríamos pensar, de la misma manera, en el análisis de las políticas públicas de la memoria después de las dictaduras militares latinoamericanas.

[49] Véase J. Dibua, "The idol, its worshippers...", *op. cit.*, p. 124.

ciones del poder africano poscolonial[50] en Estados represivos como Nigeria. Tal vez sería interesante comenzar a ver menos la actitud de anticuario del historiador que las agendas de los pasados posibles y las fronteras del imaginario histórico en un Estado en el cual la democracia y la libertad de expresión son significantes para negociar a diario.[51] Una vez más, si la historiografía revela las estrategias represivas del Estado nacional y las posibilidades de "otras formas de solidaridad humana",[52] no se constituirá necesariamente en una narrativa políticamente subversiva. Al menos no hasta que no devele también las cooptaciones productivas (de imaginarios coloniales, de pervivencias imperiales) en las cuales el pasado adquiere significado social dentro de las narrativas del Estado nacional.

Volviendo a los propósitos de este estudio, no se trata de analizar las narrativas de Dahomey para "probar" cuánto "inventó" la historiografía nacionalista acerca de la unidad fundacional de Benin en un pasado uniforme y cuánto hay allí presente de categorías coloniales. Sin dudas las hay, pero menos como una tragedia de sumisión a la experiencia occidental que como un sentido complejo que demuestra lo "grotesco" en la propia narrativa dominante.[53] Edward Said denomina-

[50] Véase A. Mbembe, "The banality of power and the aesthetics of vulgarity in the postcolony", *Public Culture*, 4, 1992.

[51] Es sugerente que salvo cuando menciona a Ade Ajayi, Dibua nunca dice qué textos está considerando él como pertenecientes a esta corriente de "anticuarios" o "esencializadores" de la nación. Ese silencio también marca una forma muy particular de considerar la responsabilidad ética para con la ciencia social, sobre todo porque desconoce la noción de "autor" no como blanco de su ataque, sino como productora de sentido político.

[52] Véase Dipesh Chakrabarty, "Postcolonialismo y el artificio de la historia. ¿Quién habla en nombre de los pasados 'indios'?", en Walter Mignolo (comp.), *Capitalismo y geopolítica del conocimiento*, Buenos Aires, El Signo/Duke University, 2001, p. 169. [Art. Aparecido por primera vez en inglés en *Representations*, 37, invierno de 1992].

[53] Véase Robert Young, *White mythologies. Writing history and the West*, Londres y Nueva York, Routledge, 1990, esp. pp. 7-20. Quizás el problema de la crítica erudita de Young sobre el logocentrismo, el historicismo y el posmodernismo, radique (al menos para este trabajo) en la alienación tácita de la alteridad al no visualizar

ba "reinscripción" a este proceso, aludiendo a la yuxtaposición de los territorios de la colonia y la metrópoli. Cuando la historia africana recupera formas previamente establecidas por el imperio para narrar la experiencia, no sólo hay una ingenuidad imitativa, sino que el discurso subalterno se reinscribe ingresando en el discurso colonizador. Es cierto que, al hacerlo, el subalterno define su narrativa en los términos colonizadores, pero también erosiona la coherencia monolítica del discurso imperial, estableciendo un diálogo productivo en el cual se hace tangible la característica particular de ambos discursos.[54]

En esa línea propongo esta investigación. Trato de identificar cómo el Estado nación ha pasado a ser un lugar de negociación de los reclamos localistas y no necesariamente el *locus* de negación. Cómo en cierto sentido lo "local" ha sido un "valor positivo" desde una historia que reclama su posición renovadora, a la vez que omite informar acerca de cuánto esta "reverberación" de lo particular no siempre implica democratizar los sentidos políticos del pasado, sino que también revela una faceta diferente, como parte de la "proliferación de heterogeneidades" en la agenda neoliberal. Cómo, si la colonia inventó la "tradición",[55] ésta no fue desmantelada y rechazada por el discurso nacionalista independiente, sino reapropiada con nuevos sentidos de pertenencia y de homogeneidad; y cómo, a su vez, estos discursos con remanentes de seducciones coloniales, de alguna manera desestabilizaron la experiencia narrativa universalizante del "centro".

El dilema sobre "a quién pertenece" la historia africana puede ilustrar tangencialmente este punto. Lonsdale plantea

---

la producción intelectual de las ex colonias como posibilidad de analizar el diálogo.

[54] Véase E. Said, *Culture and Imperialism*, Nueva York, 1993, pp. 210 y ss.

[55] Aludo a la ya clásica expresión de Eric Hobsbawm. Véase E. Hobsbawm, "Introduction: inventing traditions", en E. Hobsbawm y T. Ranger (eds.), *The invention of tradition*, Cambridge University Press, 1983, pp. 13 y ss.

la necesidad de que "los pobres, verdaderos héroes de la historia africana", encuentren un repertorio de lenguaje de "responsabilidad política";[56] para lo cual, según él, deberían poder reconocerse auténticamente en un pasado propio. Además de sobredimensionar la tarea del historiador en el plano de la radicalidad política, Lonsdale no tiene en cuenta qué modos de "empoderamiento"[57] son necesarios para esa instancia, sobre todo cuando las ciencias sociales no son una herramienta objetivada a ser "apropiada" por los "pobres", sino más bien una gama de discursos en tensión entre la revelación de la opresión, la contribución a resignificar la diferencia y la "traducción" de categorías epistemológicas al plano social. En este sentido, los pobres no sólo han quedado fuera del sujeto de la historia, también han sido producidos por ella. La elocuencia con la que Jewsiewicki interpelaba al conocimiento africanista en este punto, para el reconocimiento de una urgencia epistemológica en los estudios africanos, no merece parágrafos:

> [...] no se trata de que los campesinos deseen el regreso del colonizador, aunque la bandera de la independencia sea para ellos sólo el episodio más conspicuo del colonialismo. Ellos no necesitan las antigüedades egipcias, ni el consuelo del discurso de la negritud que les asegura que Shaka fue su Napoleón. Para negociar las verdaderas metas de la independencia necesitan saber por qué el Estado no tiene color de piel y por qué la explotación no tiene otro aroma que el de su sudor; necesitan saber cómo es que se obtuvo —y se sigue obteniendo— su propio consentimiento para esas estructuras de dominación. Y necesitan saber que sus ancestros, y ellos mismos, rara vez lucharon contra el cambio en sí mismo —si alguna vez lo hicieron. Sin embargo, lucharon casi siempre contra los costos sociales que tan gratuitamente descansaron sobre los campesinos. Sobre todos estos puntos, el conocimiento africanista aún permanece en silencio.[58]

[56] Véase J. Lonsdale, "African pasts...", *op. cit.*, p. 142.

[57] Se ha generalizado el uso de este neologismo como una traducción aproximada al concepto anglosajón de *empowerment.*

[58] B. Jewsiewicki, "Introduction: One historiography or several? A requiem for Africanism", *op. cit.*, p. 11.

Dos elementos pueden desafiar la visión monolítica proyectada —de manera relativamente reciente— hacia el pasado de África. Por un lado lo hacen, como hemos dicho, las memorias sociales periféricas o de los márgenes —al espacio académico, a los centros de poder político, a la domesticación del archivo. Si bien Diouf denomina a estos fragmentos "los tiempos étnicos no domesticados por el Estado ni por la escritura",[59] el trabajo con las historiografías periféricas consultadas evidencia una riqueza especial otorgada por el contenido híbrido de las políticas "marginales" de la memoria. Esta hibridez es resultado de un proceso social y agenciado de colonialismo, resistencia, connivencia con el poder colonial y advenimiento del Estado poscolonial. Pensar en la inmutabilidad de estos registros históricos marginales es una forma de "recolonizar" la alteridad, de sustanciar el silencio del otro en una imagen calcificada (y caricaturesca) del espacio "tradicional".

Por otro lado, también son elementos de desafío las contradicciones dentro de la narrativa académica africanista. En el monolitismo de la "comunidad imaginada", los historiadores nacionalistas estaban contenidos en su propia identificación con la diferencia colonial (ignorada o exacerbada), y en su filiación a las relaciones de poder en el (nuevo) espacio político. El resultado que veremos no es un canon preciso de narrativa histórica con consideraciones unánimes,[60] sino fragmentos historiográficos que contraponen las ideas sobre quiénes son los héroes prefigurados, dónde ubicar las "facciones modernas" en la política de siglos pasados, cómo solucionar, histórica, política y epistemológicamente la "responsabilidad" local en el inagotable desastre del comercio atlántico de esclavos.

[59] M. Diouf, "Des historiens et des histoires...", *op. cit.*, p. 338.

[60] El reclamo hacia las historiografías y teorías del nacionalismo que lo mostraban como un bloque homogéneo de situaciones políticas, de filosofías prescriptivas o de historias acabadas está presente por ejemplo en Prasenjit Duara, *Rescuing history from the Nation*, *op. cit.*, p. 7.

El primero de los elementos —las memorias marginales— ha quedado fuera de este trabajo, salvo algunas alusiones indirectas. El segundo, en cambio, será abordado en inferencias precisas a lo largo de los capítulos siguientes.[61]

[61] Hay otro tema sin dudas relevante, pero que también se impone como trabajo futuro: el contexto de recepción/traducción social del (de los) nacionalismo(s) en los "mundos cotidianos", y de cómo estos textos se funden en las prácticas. Si la construcción histórica de invención de la tradición nacional no es monolítica, menos lo es el espacio de (re)creación y reproducción social del sentido histórico "unitario" de la comunidad. Éste ha tomado configuraciones cambiantes en la connivencia de la "modernidad colonial" con la nación, de la era independiente con las "seducciones" de la colonia, etc. Véase *ibid.*, p. 8.

I. DAHOMEY EXORCIZADO: LA DIÁSPORA, CAPITAL CAUTIVO DE LA NACIÓN

En las historias académicas de África Occidental que florecen en los años inmediatamente posteriores a la independencia, la esclavitud se convirtió en el *tropo* histórico fantasmagórico del pasado nacional que fue exorcizado de maneras radicalmente diferentes. No sólo estaba en juego el estreno inmaculado de la experiencia histórico-política africana, sino la pertinencia política de los reclamos históricos a Europa por el "genocidio" continental y su "sangría demográfica", así como la radicalidad potencial de las políticas contemporáneas de la memoria, representadas fundamentalmente por la promoción del "turismo de raíces" para los afrodescendientes, que agencias de reconocimiento internacional como la UNESCO aún patrocinan.[1] Las historias que analizo se enmarcan en este debate que entrecruza el estudio estrictamente económico con las implicaciones políticas y epistemológicas de un tema que durante muchos años ha sido visto como tabú dentro de la narración africana de la historia.

En esta parte trataré de abordar esa noción de tabú como prejuicio historiográfico, argumentando cómo la narrativa

[1] Me refiero a los viajes organizados para comunidades de afrodescendientes que retornan a la "madre tierra" y "reviven" el proceso de esclavización de sus antepasados en *performances* organizados para tal efecto. Para análisis sugerentes sobre este punto véase E. Bruner, "Tourism in Ghana. The representation of slavery and the return of the black Diaspora", *American Anthropologist*, 98, 2, 1996; Theresa Singleton, "The slave trade remembered on the former Gold and Slave Coasts", *Slavery and abolition*, 20, 1, 1999, y Saidiya Hartman, "The time of slavery", en Saurabh Dube (ed.), *Enduring Enchantments*, núm. esp., *South Atlantic Quarterly*, 101, 4, otoño de 2002.

africana —al menos en lo que a Dahomey se refiere— no silenció el rol africano en el comercio de esclavos, sino que lo insertó dentro de dos perspectivas puntuales del discurso histórico: la que lo vincula directamente con el origen del Estado y el punto de partida de la conformación nacional, y la que liga el agotamiento de ese circuito económico a factores exclusivamente internos de "modernización".

En las narrativas sobre "los orígenes" de Dahomey, todos los grupos aja detentan un proceder común, como pertenecientes a un mismo tronco lingüístico y a un área geográfica precisa, fundados en tradiciones míticas que ponen a la aldea de Tado (al noroeste de lo que luego fue Dahomey) como el punto de irradiación de la población y de los patrones culturales.[2] Según las tradiciones orales, una disputa por la sucesión dinástica produjo sendas migraciones desde Tado, una hacia el oeste, que fundó la aldea de Notsie, y otra hacia el sureste, que fundó la de Allada a fines del siglo XVI. El linaje que fundó Allada consiguió sostener un poder importante en el área desde principios del siglo XVII, puesto que pronto logró el dominio sobre algunos pueblos del este del área aja y la sumisión de Whydah, aldea portuaria que tendrá gran importancia en los siglos subsiguientes. Allada también había conseguido dominar los puertos de Offra y Jakin,[3] donde se evidenció su capacidad de negociación con los portugueses desde el siglo XVI y luego con los holandeses a partir de 1625. Entonces empezó la etapa de su verdadera consolidación. Sin embargo, cuando la competencia comercial entre los europeos (holandeses, franceses e ingleses) se hizo más fuerte en la segunda mitad del siglo XVIII y Allada no pudo controlar fácilmente la estructura comercial de sus puertos, fue perdien-

[2] En este sentido, los autores coinciden en afirmar que Tado cumplió para Dahomey el rol que Ife tuvo entre los Yoruba. Véase *ibid.*, R. Pietek, "The development and the structure of the state of Dahomey until 1724", *Africana Bulletin*, 38, Warszawa, 1991, pp. 26-27.

[3] Véase A. Asiwaju y R. Law, "From the Volta to Niger", en J. Ajayi y M. Crowder (eds.), *History of West Africa*, Londres, Longman, 1985 [1975]", *op. cit.*, p. 432.

do poder, sobre todo, poder de dominio efectivo sobre los puertos de Offra, Jakin y Whydah.[4]

La estructura de Allada se vio afectada también por la incapacidad de generar mecanismos internos de consolidación. Aunque las tradiciones orales ligadas al poder político divergen en torno a la filiación de Allada con Dahomey, la versión más frecuente sostiene que en 1610 una disputa sucesoria entre los dos hijos del rey de Allada (Agbanliny y Dogbagri Jenu) produjo una nueva migración y subdivisión de poderes. Mientras Agbanliny se trasladó con su linaje al sur, Dogbagri Jenu se dirigió al norte, al territorio donde años más tarde su hijo Dakodonu (1625-1650) fundará Abomey, futura capital de Dahomey. Sobre lo que existe un acuerdo generalizado es en tomar a este punto como la "irrupción revolucionaria" de Dahomey en la Historia de la zona. En ese territorio ya habitaban grupos igede que fueron identificados como yorubas por los fon migrados, y en el norte había asentamientos de grupos mahi. Ellos fueron subsumidos por las estrategias expansivas de Dakodonu cuando fundó Abomey. La primera célula del reino nació cuando el hijo de Dakodonu, Aho, tomó el nombre de Wegbaja y se proclamó rey con el apoyo de los antiguos jefes locales. En las historias endógenas, Wegbaja aparece como el primer *akohosu* (cuya traducción aproximada, aunque no del todo precisa, es rey)[5] y el primero en proclamar las leyes básicas que regirán el Estado.[6] Sin embargo, fue Agaja (1716-c.1740) quien llevó la expansión a escalas políticamente vastas. Durante su reinado quedaron bajo dominio de Dahomey las ciudades de Weme al este (en 1716), Allada (atacada en 1724) y Whidah (tomada en 1726).[7]

[4] Véase *ibid.*

[5] Para un estudio de los vocablos asociados con el poder político en Dahomey, véase Basile Kossou, "La noción de poder en el área cultural adja-fon", en I. A. Akinjogbin (comp.), *El concepto de poder en África*, París, UNESCO, 1982.

[6] Véase A. Asiwaju y R. Law, "From the Volta to Niger", p. 435.

[7] Véase *ibid.*, p. 438.

Los advenedizos fundadores de Abomey se identifican en gran parte de la historiografía como pertenecientes a la etnia fon, aunque esto haya suscitado algunos problemas de definición en la historiografía poscolonial, como veremos. Lo cierto es que a partir del siglo XVIII hubo una incorporación paulatina de población yoruba, bariba y mahi. Dahomey aparece en gran parte de las historias orales anteriores a la colonia como la fuerza política dominante en la región de lo que hoy es la República de Benin, ocupando gran parte de ese territorio actual entre comienzos del siglo XVIII y 1894, cuando el último rey, Behanzin, fue capturado por la armada francesa y exiliado en Martinica.

Pero Dahomey no se conoce en la historiografía académica por su desagregación burocrática o su monarquía de larga duración. Al contrario, afirmaciones al estilo de "Dahomey es un subproducto político del comercio esclavista",[8] o "Dahomey ha sido un Estado absoluto y militarizado para llevar a cabo exitosamente el comercio de esclavos",[9] parecen signar el motivo existencial de la organización política y su *raison d'ètat.* Ahora bien, el involucramiento directo de los agentes locales del reino en el comercio atlántico de seres humanos y su inserción al circuito capitalista internacional, cuestión que aparece como indudable en gran parte de la historiografía colonial y en la más reciente, no lo es para las historiografías africanas de las décadas de 1960 y 1970. Como adelantábamos, esta problemática se enraiza específicamente en las hipótesis sobre el origen del Estado dahomeyano y en los argumentos que dilucidan las formas cuasi misteriosas en que Dahomey logra expandirse.

La pregunta historiográfica acerca de por qué Agaja decidió atacar a Allada y Whidah forma parte del interrogante más

[8] Véase E. Bay, *Wives of the leopard. Gender, politics and culture in the kingdom of Dahomey*, Charlotesville, Virginia University Press, 1998, p. 312.

[9] Véase D. Ross, "Mid-XIX century Dahomey: recent views vs. contemporary evidence", *History in Africa*, 12, 1985.

vasto que intentamos tratar en este punto. Mientras las hipótesis más recurridas proponen la necesidad que tenía el Estado naciente de poseer un acceso directo a la ruta de comercio atlántico de esclavos y a las armas europeas para defensa contra el imperio vecino de Oyo, cosa imposible de otra manera que no fuera la conquista, puesto que el rey de Allada, Huffon, había prohibido a Agaja el comercio directo en la costa,[10] una línea historiográfica africana propone otro argumento.

La hipótesis más debatida por su implicancia y en la que me detendré por su proyección política propone que Agaja atacó Allada y luego Whidah para impedir la continuación de la trata esclavista, que iba en franco crecimiento en aquella época. Este argumento fue esgrimido en primera instancia por John Atkins, un viajero abolicionista del siglo XVIII que sostenía la existencia de una presunta carta que Agaja habría enviado al rey de Inglaterra por un intermediario en el año 1731. En esta carta Agaja le habría propuesto al monarca europeo el cese de la trata transatlántica y la introducción de plantaciones en territorio africano con fuerza de trabajo local.[11] Esta hipótesis es defendida por el historiador nigeriano I. A. Akinjogbin,[12] proponiendo que Agaja tenía la necesidad

[10] La bibliografía en este sentido es amplísima. Para citar un trabajo relativamente reciente y aclaratorio, véase R. Law, *The slave coast of West Africa, op. cit.*

[11] Esta carta ha sido analizada en diferentes oportunidades por historiadores africanistas y aún no hay consenso acerca de su autenticidad, veracidad, ni sobre el significado real de sus palabras. Robin Law, por ejemplo, plantea que es muy improbable que Agaja haya querido suprimir la trata, por sus mismas acciones continuadas hasta su muerte en 1740. De hecho para Law, aun si la carta no fuera un plagio de Bulfinch Lambe (el intermediario enviado a Inglaterra), probablemente se trató de una proposición de Agaja de remplazar la trata de esclavos con la mano de obra *dahomeyana*. Esto es, que los ingleses no desarticularan la economía doméstica del reino, sino que sólo comerciaran con cautivos de guerra y personas judicialmente penalizadas con la esclavitud, en procesos políticamente controlados por las autoridades locales. Véase R. Law, "Further light on Bulfinch Lambe and the 'Emperor of Pawpaw': king Agaja of Dahomey's letter to king George I of England, 1726", en *History in Africa,* 17, 1990, p. 212.

[12] Véase I. Akinjogbin, *Dahomey and its neighbors (1708-1818), op. cit.*, pp. 23-25. Akinjogbin argumenta que la autenticidad y el propósito de la carta de Lambe son reales. Esta postura también es de Basil Davidson. Véase B. Davidson, *Black Mother,* citado en R. Law, "Dahomey and the slave trade", *op. cit.*, p. 246.

de suspender el comercio esclavista para defender las estructuras social y política del imperio, y no incentivarla, como gran parte de la historiografía sostiene.[13] Akinjogbin es uno de los exponentes más claros de la escuela historiográfica nacionalista poscolonial sobre Dahomey, y David Ross[14] ha demostrado cómo su obra está repleta de un uso discrecional de las fuentes de la época, no sólo para evidenciar la oposición de los africanos en la empresa de la esclavitud capitalista, sino también y sobre todo para resaltar la génesis del reino de Dahomey con un sentido de "nación fon" históricamente enraizado, proveniente de una comunidad compacta, que existía mucho antes de la llegada de los europeos y de la imposición de sus términos comerciales.[15]

Las imposiciones de sentido y las implicancias epistemológicas del trabajo de I. Akinjogbin, *Dahomey and its neighbours*, sobre el tema de la esclavitud, merecen una reflexión detenida. En primera instancia hay un punto importante que suele confundirse en las lecturas historiográficas de esta obra, tesis doctoral presentada en la School of Oriental and African Studies (SOAS) en 1966 y publicada en 1967: Akinjogbin no niega el impacto histórico europeo sobre la costa aja; tampoco sugiere que Dahomey no fuera nunca un Estado propulsor de la trata esclavista. Lo que intenta afirmar con fuerza es la tesis del origen estatal de Dahomey como un proyecto político que habría buscado detener la erosión cultural y económica que la

[13] El punto es que se supone que en esta época de conquista de Agaja, el volumen de comercio atlántico tuvo un descenso importante. Sin embargo, este descenso no habría tenido relación con una voluntad política de suprimir la trata, sino con los trastornos y disturbios internos provocados por las campañas militares que colapsaron las rutas comerciales, incluso las rutas de comunicación con el poderoso Oyo. Véase R. Law, "Dahomey and the slave trade", *op. cit.* También Law Asiwaju, "From the Volta to Niger", *op. cit.*, p. 440. Para una visión más generalizada de estos puntos en la costa occidental véase la introducción en R. Law, *The slave coast of West Africa, op. cit.*

[14] Véase D. Ross, "European models and West African History. Further comments on recent historiography of Dahomey", *History in Africa*, 10, 1983.

[15] Este punto será trabajado en el presente capítulo.

trata esclavista y la injerencia europea estaban provocando en el territorio a principios del siglo XVIII. Un proyecto que fracasó con la instauración del comercio de esclavos como la razón económica del reino.

Se sabe que Abomey se fundó cuando un grupo disidente del reino de Allada se estableció en el norte del *plateau* aja. Akinjogbin arguye que el motivo real de esa disidencia fue la reacción de un subgrupo aja a las actividades que los holandeses estaban llevando a cabo en la costa. Y el historiador va más allá: su hipótesis se traslada hasta contradecir las historiografías del "origen" de estos reinos como desprendimiento de la mítica aldea de Tado. Según Akinjogbin, el traslado en masa de poblaciones de Tado a Allada se produjo para "buscar seguridad en el caos del oeste".[16] Por otra parte, la diferencia que expulsó a un grupo aja hacia Abomey estuvo dada según el autor, por la oposición entre dos facciones: una "proeuropea" —Allada—, y otra "resistente", la de Abomey. La llegada de este subgrupo aja al territorio nordeste de Dahomey se registra en muchas historiologías orales mahis como un acto avasallador y coercitivo de estos forajidos militarizados que impusieron, con el consentimiento de algunos jefes locales, su voluntad política de ocupación y expansión.[17] La operación epistémica es clara —aunque no lo sean los referentes

[16] I. A. Akinjogbin, *Dahomey and its neighbours*, *op. cit.*, p. 23. Las narrativas orales consultadas por otros historiadores son unánimes en argumentar una disputa sucesoria como motivo directo del exilio de Tado. Véase Robert Cornevin, *Histoire du Dahomey*, París, Berger-Levrault, 1962; R. Law, "History and legitimacy: aspects of the use of the past in precolonial Dahomey", *History in Africa*, XV, 1988; E. Bay, *Wives of the leopard...*, *op. cit.*

[17] Véase Edna Bay, *Wives of the leopard*, *op. cit.*, p. 312. Akinjogbin arguye, al contrario, que el arribo de este subgrupo fundador fue un proceso revolucionario de cambio estructural respecto a las formaciones políticas anteriores de los pueblos aja. Fundamentalmente por la ruptura política total que implicó poner fin al principio soberano de Allada con base en la "familia extendida" y el linaje patriarcal, hacia un modelo de integración con otros linajes y otros pueblos, ya no con base en la legitimidad dinástica, sino en la fuerza. Analizaremos con detenimiento la relevancia de estos argumentos en "La administración textual de la nación: orígenes inmaculados de una modernidad anacrónica" (pp. 73 y ss.).

históricos como pretende Akinjogbin: Dahomey aparece en el seno de la historia como el espacio político que irrumpe, tempranamente, para impedir la labor corrosiva de la injerencia europea. Si bien retomaré este punto más adelante, hay que tener en cuenta que la necesidad de "responsabilizar" a determinados actores sociales del proceso que termina en la conquista francesa de Dahomey a fines del siglo XIX conlleva operaciones historiográficas que simplifican la alineación de los actores políticos respecto a las exigencias del comercio europeo (que fue contradictoria y muchas veces cambiante). Así, la línea divisoria entre "pro-europeos" y "anticolonialistas" parece estar siempre de manera latente o manifiesta en las historiografías, aunque las configuraciones de tales "facciones" sean disímiles según la narrativa, el momento histórico que se trabaje, el argumento que esté en juego, etc. De ahí que más allá de la disputa historiográfica entre la "facción pro-europea" y la "facción anti-colonial" en Dahomey, tan cara a la historiografía sobre el siglo XIX, Akinjogbin da un paso más y ubica en el espacio del origen el *leit motiv* del Estado: Dahomey es un proyecto político de la resistencia anticolonial, desde su nacimiento en el siglo XVII.

La hipótesis relacionada con la fundación de Dahomey como una manera de contrarrestar la hegemonía que estaba adquiriendo el imperio yoruba de Oyo como fuerza regional también es rebatida por Akinjogbin. Las historiografías que habían mostrado la necesidad que tenía el grupo escindido de obtener una ruta hacia el mar, y que hablaban del "perfeccionamiento" político de Dahomey para establecer un complejo militar que lograra "conquistar" el territorio en la tercera década del siglo XVIII, son negadas por el historiador nigeriano.[18] En su visión, la empresa esclavista era una iniciativa puramente individual, sancionada por el Estado, primero aisla-

[18] Podemos citar entre esos trabajos a J. Fage, "Slavery and the slave trade in the context of West African History", *Journal of African History*, 10, 3, 1969 y Ph. Curtin, *The Atlantic slave trade. A census*, Madison, University of Wisconsin Press, 1969.

da y luego incrementada. Estas actividades de "pillaje" se habrían llevado a cabo en el *plateau* territorial durante las primeras décadas del siglo XVIII, como resultado no del perfeccionamiento de los engranajes organizativos, sino del vacío político provocado por la desestructuración de las antiguas relaciones de lealtad y de la "teoría social tradicional".[19] Akinjogbin hace una lectura diferente de los textos de Robert Norris y William Snelgrave,[20] dos viajeros que se han convertido en informantes históricos clave para comprender la dinámica del comercio de esclavos en esa época. Norris describe una importante relación en la que plasma su idea de Dahomey como un Estado despótico y brutal, en el cual los asesinatos rituales a discreción del rey eran moneda común, y donde todos los cautivos de guerra eran decapitados públicamente. Para el historiador nigeriano, la narrativa de estos autores, empeñada en contrarrestar los argumentos antiabolicionistas del siglo XVIII, los llevó a retratar a Dahomey como un reino militarizado y despótico, cuyo engranaje de cohesión era la trata atlántica de seres humanos,[21] distorsiones a ser "probadas" por Akinjogbin.

Hay otro punto en la originalidad de esta obra: el autor propone que el cambio radical hacia la institucionalización del

[19] Como analizaremos en "La administración..." (pp. 73 y ss.), la metáfora del "vacío" político es una recurrencia en el trabajo de Akinjogbin. Un vacío que es ocupado históricamente por la emergencia política de Dahomey.

[20] Véase Robert Norris, *Memoirs of the reign of Bossa Ahadee, king of Dahomey*, Londres, Franck Cass, 1968 [1789]; William Snelgrave, *A new account of some parts of Guinea and the slave trade*, Londres, 1966 [1764].

[21] Por momentos es difícil seguir los argumentos "a contrapelo" de Akinjogbin, sobre todo en lo que se refiere a estos puntos, cuando pretende inferir de los propios relatos de Norris y Snelgrave, que hablan de la voracidad de Agaja y de su visión económica de ocupar y monopolizar los puertos de Jakin (Allada) y Oueda (Whydah), un sentido "emancipador" y a la vez una capacidad de engañar a los tratantes europeos. Si bien los textos de Snelgrave hablan de un posicionamiento del rey Agaja como el "enviado religioso" para acabar con la tiranía y el desorden impuesto por Huffon (rey de Whydah), Akinjogbin ve la alusión vaga de esta "tiranía" en el texto de Snelgrave, como una "clara" alusión a la trata esclavista y a su poder erosivo. Por el contrario, otros historiadores lo interpretan como una manera de posicionarse como el exponente comercialmente más viable para los europeos que quisieran continuar con la trata esclavista. Véase I. A. Akinjogbin, *Dahomey and its neighbours*, *op. cit.*, pp. 73 y ss.

comercio esclavista en Dahomey se dio en los últimos años del reinado de Agaja y durante el de Tegbesu (1740-1774). En este sentido, cuando Agaja, luego de la conquista de los territorios costeros para detener la trata, observa que esto es en sentido estricto imposible, dada la penetración europea en la formación de un mercado interno consolidado y la implicación de los puertos costeros en él, se ve "forzado" a adoptar el "mal menor" para el Estado: la instauración de la trata afincada sólo en algunos puertos y como monopolio exclusivo del rey. Tegbesu, por su parte, institucionaliza esta práctica como razón económica del estado de Dahomey.[22] Agaja se presenta entonces como un estadista previsor, que logra sofocar las "revueltas" que se habrían originado entre los comerciantes locales por la presunta voluntad de suspender el comercio de esclavos.[23] Por otro lado, en la narrativa histórica Agaja es el exponente político de una conciencia "modernizante" en términos económicos. Por un lado, termina por romper con la "teoría social tradicional" para buscar otros fundamentos políticos para el reino; por otro, intenta interrumpir la trata esclavista para imponer el "comercio legítimo" entre Europa y Dahomey.[24] En este punto de la narrativa de Akinjogbin no sólo se entremezclan argumentos anacrónicos sobre las implicaciones morales del comercio esclavista, dado que la distinción entre un comercio legítimo y otro que se transformó en "ilegal" es un argumento creado por Inglaterra hacia fines del siglo XVIII, sino que se revierten los actores del cambio: fue Agaja quien previó la necesidad de "legitimar" el comercio entre Europa y África, quien intentó —a destiempo, en una acción demasiado "revolucionaria" para una época que ni los actores políticos exteriores a Dahomey ni los propios europeos "comprendían"— establecer un Estado fundado políticamente en concepciones radicalmente nue-

[22] Véase *ibid.*, p. 75.
[23] Véase *ibid.*, p. 105.
[24] Véase *ibid.*, p. 77.

vas, y económicamente en términos modernos, en los cuales no entraba en absoluto la trata esclavista.

Historiadores contemporáneos de Akinjogbin, como Dov Ronen,[25] también insisten en la existencia de sentidos comunitarios previos a la trata esclavista que hacen de Dahomey un estado que crece con —y no a partir de— ese comercio. Ronen argumenta que la obtención de cautivos a gran escala tenía una función puramente ritual, destinada al sacrificio humano para el culto a los ancestros. El historiador arguye que: *a*) la motivación del beneficio de los reyes africanos en la trata esclavista era mínima, si no inexistente; *b*) las razzias hacia el interior no se realizaban con el propósito de vender los capturados a los blancos; *c*) además del rey, muy pocos africanos comunes estaban involucrados en ese "comercio". Este historiador traslada al ámbito exclusivamente ritual el uso de "cautivos" en Dahomey, y utiliza los esquemas básicos de la Teoría General de Sistemas —en boga en la década de 1970— para explicar que los esclavos recorrían un "circuito" definido: eran cautivos de guerra en el estado —una guerra con funciones puramente religiosas— para ser sacrificados como mensajeros a los ancestros reales. Los "supernumerarios" de ese ritual tenían dos destinos únicamente definidos por el rey: o eran reabsorbidos dentro de las estructuras familiares del estado a partir de alianzas matrimoniales, o algunos pocos eran "regalados" a los intermediarios europeos, quienes los vendían como esclavos.[26]

De manera similar, el historiador beninés Maurice Glelé pretende restablecer la historia "real" de los esclavos en Dahomey, argumentando que "los prisioneros de guerra y los esclavos eran destinados fundamentalmente al engrandecimiento del reino, y algunos, como corolario, tenían una función sagrada, religiosa. Otros esclavos tenían por misión esen-

[25] D. Ronen, "On the African role in trans-Atlantic slave trade in Dahomey", *op. cit.*

[26] Véase *ibid.*, pp. 11-12.

cial ser destinados a los *vodun*".[27] Por otra parte, para Glelé, la esclavitud dentro de Dahomey, promovida por el comercio atlántico, fue lo que permitió la alianza social de pueblos mahi, akan y yoruba con los fon, promoviendo lazos interétnicos que habrían consolidado desde temprano el sentido identitario común. En otras palabras, el cautiverio y el comercio interno no sólo no estaban programados para vender seres humanos a ultramar, sino que además fortalecieron el sentido de unidad nacional que re-emergería en los años sesenta del siglo XX.[28]

Las operaciones epistemológicas no se limitan a inculcar un sentido claro del horror colectivizado a partir de una "culpa histórica" claramente situada en "los europeos" como categoría totalizante. Además de esto, Ronen y Glelé cristalizan la visión de la "inocencia tradicional" de África anterior a la colonia, distante, "otra", sumida en un sentido "puro" del valor religioso y el *ethos* guerrero. El comercio de esclavos, al contrario de representar la negación histórica o el vacío en la narración, primero es la fisura que permite comprender la irrupción de la nación dahomeyana en el tiempo; después, es el conato que perpetúa la noción de África "ingenua" en medio de una traducción conceptual distorsionada. Analizar el rol de los agentes africanos en el comercio de hombres y mujeres no implica necesariamente borrar el sentido alienante de la esclavitud capitalista. Tampoco se trata de acometer una operación intelectual de reversión de las responsabilidades políticas, cuya revelación recayó y sigue recayendo en la disciplina histórica. Intento más bien poner en evidencia las operaciones de "uso" de los pasados negociados, mostrando también que si se ha desmantelado a la Historia de las utopías de sub-

[27] Véase M. Glelé, *Le Danxomé. Du pouvoir aja à la nation fon, op. cit.*, p. 160. Como veremos, *vodun* se denominaba a las diferentes prácticas de culto que conformaban la religión popular fon, cuyos agentes eran específicamente mujeres.

[28] Este punto será abordado con detenimiento en "Silencios performativos: diferencia étnica y género como ausencia y como exaltación" (pp. 131 y ss.).

vertir el orden a partir de sus revelaciones, somos renuentes a perder las esperanzas de que en su propio relato, en su propia trama, se construya la imagen espectral y persistente del telos-progreso.[29]

Si me detengo en estos puntos es porque el argumento de la responsabilización no es sólo un problema de forjar la "pureza" legítima de la nación por parte de un grupo de intelectuales, o la necesidad de posicionar a África una vez más en el terreno del continente "saqueado". Como algunos intelectuales han mencionado recientemente, se trata también de un sello que está presente en el imaginario social sobre la explotación neocolonial y su representación en la continuidad del espectro histórico. No es entonces casual que algunas literaturas poscoloniales, como las de Ngugi wa Thiong'o, presenten a las élites locales africanas "colaboracionistas" con la colonia, como las descendientes sanguíneas de los principales tratantes africanos de esclavos, o como las reencarnaciones espirituales o los *zombis* de aquellos comerciantes.[30]

Lo cierto es que en las primeras décadas del siglo XIX, cuando el comercio esclavista era la única fuerza generadora de *cawries* y de metálico en el reino, el rey Adandozan comenzó a recibir claras presiones de parte de Inglaterra para abandonar la trata de esclavos, oficialmente abolida por Gran Bretaña en 1807. Los intereses de la corona británica —que paulatinamente pasarán a analogarse con los del resto de las potencias europeas— era convertir a África en un espacio de exportación de productos agrícolas dentro de las economías "periféricas" de la nueva coyuntura del capitalismo industrial naciente.[31] Para Dahomey esto significó la transición de su actividad central de venta de esclavos a la exportación de aceite

[29] Véase Saurabh Dube, *Genealogías del presente, op. cit.*, pp. 22 y ss.

[30] Véase Oyeniyi Okunoye, "Dramatizing postcoloniality: nationalism and the rewriting of history in Ngugi and Mugo's 'The Trial of Dedan Kimathi'", *History in Africa*, 28, 2001, p. 232.

[31] Véase Samin Amir, *Impérialisme et sous-développement en Afrique*, París, Anthropos, 1988.

de palma. La coyuntura política de incentivo a este nuevo comercio se dio a comienzos de la década de 1820, dos años después de la ascensión de Ghezo, en 1818, que gobernó hasta su muerte en 1858. Ese rey, que asumió el poder destronando a Adandonzan, fue un hito de inflexión en la política del reino.[32] Más allá de las disputas sobre la razón del ascenso irregular de Ghezo al poder político, lo cierto es que con su arribo al trono, el principal aliado del rey comenzó a ser el Chacha[33] de Whydah, Francisco Félix de Souza, en la práctica el gobernador de la provincia de Oueda.

Para la historiografía independiente, esta etapa de transición, el ascenso de Ghezo y su desempeño como el rey al que generalmente le valió el calificativo de "europeizante", son otros puntos de transferencia significativa. ¿Cómo se plasmó en el debate historiográfico la "transición" entre estas dos formas de economía? ¿Qué elementos de la historia-progreso se pusieron en juego en ese debate y qué proyecciones condicionaron esa evidencia?

No nos detendremos en el análisis histórico-económico específico sobre la coexistencia o contraposición de estas dos formas, excepto para las referencias que me permitan explicar los puntos de negociación significativa en la narrativa histórica. En las discusiones historiográficas en torno de la "novedad" de esta forma moderna de producción insertada por los europeos o la existencia previa del cultivo de palma y su afección drástica o apenas sensible en la economía del reino, parece emerger una pregunta subyacente: ¿cómo, bajo qué mecanismos y quiénes modernizaron Dahomey?

[32] Analizaremos las implicaciones del ascenso de Ghezo en "Héroes constitucionalistas y libertadores, héroes incomprendidos" (pp. 109 y ss.).

[33] Antes de Ghezo, el título de *Yovogan* era ostentado por un oficial impuesto por el rey, que literalmente se convertía en "gobernador de los blancos", en Whydah. A partir de la existencia del Chacha, prácticamente todo el comercio atlántico se centró en sus manos. Este título fue obtenido por la familia de Souza. El primer Chacha fue Francisco Félix hasta su muerte en 1849. Ghezo selló su compromiso político con él por medio del pacto de sangre, un ritual de hermandad vitalicia en Dahomey.

El primero en instalarse en el debate y en quien las historiografías africanas pondrán especial atención en refutar fue el sociólogo Karl Polanyi,[34] quien estudió a Dahomey como una "economía natural" convertida en "economía monetaria" con el comienzo de la trata atlántica. Para Polanyi, el reino tenía una economía "dual", con dos sistemas paralelos. Uno *arcaico* (localizado, campesino, periférico) y otro monetario, "moderno" (de monopolio real, orientado hacia el Atlántico, a gran escala). Robin Law demuestra, al contrario, que la necesidad constante de los europeos de obtener *cawries* para poder comerciar habla de la solidez de una economía monetaria que tenía antigüedad en la región, con circuitos internos históricamente consolidados sobre todo hacia las rutas del Sudán interior.[35] A. Asiwayu y Robin Law, más recientemente, sostienen que es necesario revisar el argumento clásico acerca de que la economía de "trata" atlántica y la esclavista, combinadas, habrían desarticulado las industrias nacientes de producción local. Nuevos estudios demuestran que al menos hasta el momento de la caída del imperio yoruba de Oyo (1831), el comercio atlántico repercutió en una entrada masiva de dinero (*cawries*) que habría permitido impulsar el consumo local y las inversiones internas, por ejemplo en industria textil.[36]

[34] K. Polanyi, *Dahomey and the slave trade, op. cit.*

[35] Véase Robin Law, "Dahomey and the slave trade", *op. cit.*, p. 237. Esta tesis también es sustentada por el historiador Flint como una característica generalizable a toda África Occidental. Véase J. E. Flint, "Economic change in West Africa in the XIXth. Century", en A. Ajayi y M. Crowder (eds.), *History of West Africa*, vol. 2, Londres, Longman, 1974. Patrick Manning hace un análisis muy preciso del funcionamiento económico de Dahomey empleando documentos escritos, estadísticas de tratantes etc., con tradiciones orales periféricas a los puntos de comercio atlántico. Esto también le permite rechazar la idea clásica de Polanyi y plantear que esas dos economías estaban yuxtapuestas en circuitos regionales de larga duración y de comercio antiquísimo de productos textiles, yuca, pescado, sorgo y cerámica, sobre todo con las tierras yoruba del este y las mahi del norte. En este sentido lo que Manning pretende argumentar es la coexistencia de mercados locales, regionales e interregionales activos en la "larga duración" africana. Véase Patrick Manning, *Slavery, colonialism and economic growth in Dahomey, 1640-1960*, Cambridge University Press, 1982, pp. 78-83.

[36] Véase Law Asiwaju, "From the Volta to Niger", *op. cit.*, pp. 462-463.

Lo cierto es que en la década de 1970 nuevos estudios parecían centrarse en la noción de "transformación interna" producida en Dahomey a causa del impacto económico europeo, ya sea el comercio atlántico de esclavos o la imposición temprana de economías monoproductoras de exportación. Para Dov Ronen, por ejemplo, el tipo de relación comercial que implicó la trata esclavista signó también la que vendría con el comercio de aceite de palma. Este historiador ve en el comercio esclavista una relación económica puramente individual entre los agentes del comercio atlántico y el rey de Dahomey. Los cambios que resultaron de este comercio se habrían producido en esferas completamente separadas al entorno social. De la misma forma, para Ronen el pasaje al comercio "legítimo" de aceite de palma fue controlado por el rey y no implicó cambios importantes en las relaciones sociales.[37] Más allá de que éste sea un argumento difícil de sostener desde cualquier ángulo de la historia social, lo que está en juego en el texto de Ronen, titulado llamativamente *Dahomey between tradition and modernity*, es justamente la demostración epistemológica de que los elementos cohesivos de Dahomey, y definitorios de su potencial político, nada tenían que ver con la instauración de demandas externas y economías atlánticas. El texto de Ronen, que comienza en los inicios de la trata esclavista y culmina con la instauración *de facto* del unipartidismo político en Benin, instala la cohesión política de Dahomey en la profundidad histórica; no se trata solamente de incentivar la teoría de una economía dual, sino también y sobre todo de documentar que cualquier innovación estructural debería venir desde el interior de la sociedad dahomeyana. Ese interior se conserva en su más prístina condición, inmaculado de las influencias corrosivas del contacto externo del cual el *akohosu* —Ghezo en este caso, estadista y padre de la nación— logra salvaguardarlos protegiendo el espíritu intacto de la "comunidad".

[37] D. Ronen, *Dahomey between tradition and modernity*, Ithaca, Cornell University Press, 1975, p. 36.

En relación directa con las tesis de Ronen, en 1974 el historiador John Yoder publicó un artículo analizando la confrontación política alrededor de la transición económica en Dahomey, que ha producido un debate historiográfico importante.[38] En este trabajo el historiador plantea que quienes se ocuparon del problema, entre ellos Coquery Vidrovitch, olvidaron dar peso a la problemática política que habría estado presente en esta transición económica, sobre todo después del reinado de Ghezo. Yoder sostiene la existencia de dos "partidos políticos" que ostentaban posiciones opuestas respecto a la especialización económica de Dahomey y a su relación con las imposiciones de la política europea. Así, habría existido el partido de los Elefantes, con una política de confrontación a la voluntad británica de suprimir la trata atlántica y con el firme objetivo de continuar con las razzias al interior y seguir con la trata de esclavos en nuevos mercados. Este partido incluía al rey (Ghezo en la década de 1850 y Glelé en las de 1860 y 1870), al Chacha de Souza y luego a los comerciantes *creoles* brasileños, a los comerciantes portugueses y a los agentes militares masculinos. Su objetivo habría sido continuar con los ataques a Abeokuta, reducto yoruba luego de la caída de Oyo, a quien los dahomeyanos llamaban "el elefante". Para Yoder, la política del partido de los Elefantes era una manera clara de provocar la confrontación con esa potencia europea, dado que Abeokuta era una zona que contaba con el apoyo y protección de los británicos.

Por otro lado, el partido de los Mosquitos estaba representado por el ejército real de amazonas, los líderes religiosos de Dahomey, funcionarios subalternos y comerciantes no inmiscuidos en el negocio esclavista, que habrían visto los peligros de una posible confrontación con los británicos. Este partido habría buscado una política de conciliación con los intereses británicos, acomodarse a la situación, y no atacar las esferas de

[38] Nos referimos a J. C. Yoder, "Fly and Elephant parties: Political polarization in Dahomey (1840-1870)", *op. cit.*

influencia británica, sino centrarse en las regiones "satélites", desmembradas y sin integración regional, a las que llamaban "los Mosquitos".[39]

Las implicaciones políticas de este texto en su contexto de producción se discutirán en el capítulo II.[40] Lo importante a tener en cuenta es que Yoder considera el periodo entre 1840 y 1870 como un espacio de polarización política alrededor de concepciones económicas divergentes. Hay muchos indicios de que, en efecto, la política de presión de los ingleses para abandonar la trata de esclavos (que incluye dos bloqueos a Whydah en 1852 y 1871, cuando los dahomeyanos seguían comerciando con franceses y portugueses) provocó serias controversias en el plano político. Pero de ahí a considerar a dos "partidos políticos" polarizados, con esferas de intereses comunes y frentes públicos de apoyo divididos, hay una gran distancia.

Sin embargo, las proyecciones no son pocas en el ámbito historiográfico. Yoder pretende demostrar en este artículo un punto central de la discusión contemporánea: que eran los agentes brasileños, comerciantes y "retornados" ligados a la familia del Chacha De Souza los que convencían al rey de continuar con la trata y confrontar a los ingleses y su política de presión, mientras que los que estaban de acuerdo con el ímpetu "modernizador" de transformar a Dahomey en una economía agroindustrial, eran las propias fuerzas internas ligadas a las estructuras locales y a circuitos antiguos, con una parte del estado y de la milicia femenina.[41]

En términos estrictamente históricos, esta visión es demasiado esquemática y hay que complejizarla: por un lado, ya el Chacha De Souza había considerado importante la comercia-

[39] Véase *ibid.*, pp. 426-427.

[40] Véase "La barbarie redimida, la modernidad imaginada, la Historia corregida" (p. ¿?).

[41] Véase R. Law, "The politics of commercial transition: factional conflict in Dahomey in the context of the end of the Atlantic Slave trade", *Journal of African History*, 38, 2, 1997, pp. 214-216.

lización de la palma[42] y se lo había transmitido al antiguo rey Ghezo. Por otro, Law reconoce, siguiendo a David Ross, que fue justamente la importante ayuda de agentes externos como el Chacha primero y los británicos después, los que permitieron a Ghezo y a Glelé una política de disminución de la trata atlántica de esclavos, dada la profunda oposición que provenía del interior del reino. Lo cierto es que se trató más bien de una política de vaivenes. Law insiste en leer los conflictos de este momento como dinámicas de transición y controversias que no necesariamente estaban representadas por grupos cohesivos identificados. El problema estaría planteado en términos de las implicaciones ideológicas que tuvo esta transición para el reino, puesto que, a diferencia de la centralización relativa de la economía que implicaba el comercio esclavista, en el caso de una economía agrícola se da la posibilidad de que algunos grupos cercanos a los puertos o en puntos nodales de comunicación consiguieran beneficiarse de la descentralización económica y escapar al control real. Por otra parte, el *ethos* político dahomeyano estaba profundamente ligado a la militarización, según Law, con un desdén particular hacia la agricultura que incluso hizo necesaria una conformación alternativa de la identidad del rey. En este punto hay que comprender varios aspectos. En primer lugar, difícilmente se pueda acordar con Law, a estas alturas del debate historiográfico, en ese "desdén" hacia la agricultura. Esto debe entenderse más bien de acuerdo con la concepción de que la monarquía debía permanecer alejada de las actividades comerciales más directas, y particularmente de las que tuvieran que ver con la tierra, recibiendo los tributos que los campesinos debían ofrecer en las *Annual Customs*. Ed-

[42] Aquí Law contradice el argumento de Vidrovitch, similar al de Yoder, de que De Souza y los intereses lusitanos y brasileños impulsaban a Ghezo a rechazar la imposición de una economía agrícola debido a las presiones inglesas. Véase C. Vidrovitch, "De la traite des esclaves a l'exportatoin d'huile de palme et des palmistes au Dahomey: XIXe siècle", en C. Meillassoux (ed.), *The developments of indigenous trade and markets in West Africa*, Londres, Oxford University Press-International African Institute, 1971.

na Bay plantea que argumentos como los de Law surgen al hacer una lectura demasiado literal de algunos relatos de la época. Según documentos aportados por Bay, cuando una misión inglesa se dirige a Abomey para ordenar el final del comercio esclavista, en 1851, el rey Ghezo, probablemente consciente de la visión europea del reino, les contesta con una ironía acorde con el imaginario "moderno" europeo: "mi pueblo es un pueblo militar, hombres y mujeres... No puedo mandar a mis mujeres a cultivar la tierra, las mataría". Ironía que no fue comprendida como tal por el escuadrón inglés, azorado de creer estar ante una comunidad cuyas mujeres no sabían cultivar, lo cual evidentemente era una falacia.[43]

Lo cierto es que finalmente, en 1852, los británicos bloquearon Whydah ante la negativa del rey de suspender la trata. Aunque en 1856 Ghezo firmó un tratado con los británicos y acordó culminar la trata, en la década de 1860 la demanda de esclavos proveniente de Cuba hizo florecer nuevamente el comercio esclavista. El mismo funcionaba *junto con* la exportación de aceite de palma, y junto con las casas europeas instaladas en los puertos.

Son de particular interés las transferencias historiográficas en los textos de Yoder y de Ronen. El punto de la "élite modernizadora" de Dahomey está latente en este debate. La figura de los "retornados" queda en medio de este *telos*, como espectro a ser reubicado. Estas poblaciones de ex esclavos o descendientes de esclavos, provenientes directamente de la Bahía de Todos los Santos, en Brasil, o transferidos desde Sierra Leona, y que comenzaron a llegar desde la segunda mitad del siglo XIX a Dahomey, lo transformaron en el distintivo *quartier latin* de África Occidental. Se trataba de una población liminar, figura simbólica de la restitución poblacional en África, retornados que no terminaban de considerarse del todo africanos, y a quienes los africanos no asimilaban completamente en las estructuras

[43] Véase Edna Bay, *Wives...*, p. 204.

locales. Su instalación y desempeño en el territorio del reino estuvieron desde un comienzo estimulados por los europeos instalados en la costa y luego directamente promovidos por la colonia francesa, que veía en estos "regresados", gran parte de ellos alfabetizados y cristianizados, un polo difusor de "civilidad" que a su vez pudiera ser más fácilmente aceptado por las poblaciones locales. Estas personas que habían regresado a la "madre tierra" rápidamente ocuparon lugares nodales de la administración colonial en dos enclaves: la educación y el nacimiento de la "opinión pública" mediante la creación de los primeros órganos de prensa escrita en la década de 1930.[44]

La transferencia es más clara si tomamos en cuenta este punto. Para Ronen, la importancia del análisis de la transición comercial radica en demostrar que las innovaciones económicas sólo fueron competencia del poder político, y en ningún momento dislocaron las estructuras cohesionadas de la sociedad dahomeyana. Esto habría sido así porque los esclavos eran "regalos" ofrecidos por el rey, y el comercio atlántico estaba sólo controlado por una élite local, real y masculina. Es importante detenernos un momento en este punto porque el "silencio" de la historiografía independiente se transfiere al ámbito de las políticas de género: en un texto no tan reciente, Catherine Coquery Vidrovitch hablaba no sólo de la fuerza y el dinamismo de los mercados internos y los circuitos regionales que permitieron la transición a la exportación de aceite de palma, sino que fueron las mujeres el aspecto clave de esta transformación económica ya que eran las encargadas de procesar la palma, destilar el producto y comercializarlo en espacios locales y regionales;[45] argumento pocas veces leído con atención. Pero, además, Ronen advierte que los "retornados"

[44] Para un estudio detallado de este punto, con fragmentos de documentos transcritos de primera mano, véase Dov Ronen, "The colonial elite in Dahomey", *African Studies Review*, vol. 17, núm. 1, 1974, pp. 61-76.

[45] Véase C. Coquery-Vidrovitch, "De la traite des esclaves a l'exportatoin d'huile de palme et des palmistes au Dahomey: XIXe siècle", *op. cit.*, p. 118.

que podrían haber tenido interés en esta pugna a partir de finales del siglo XIX se convirtieron en una élite llamada "colonial", defendida por la administración francesa que rechazaba la "barbarie" de los jefes locales y detentaba lugares de poder político. Por otra parte y en relación con esto último, Yoder trata de demostrar no sólo la existencia de partidos políticos en África antes de la invasión colonial, los cuales no habrían tenido que esperar ningún grupo "modernizador" para constituirse, sino que su narrativa busca transferir al ámbito puramente local, endógeno, los ímpetus de "modernización" de la nación. Para él, ni los retornados brasileños, ni su connivencia con los europeos, ni el Chacha De Souza tuvieron injerencia en esta epifanía interna de la necesidad de revertir las estructuras económicas de la nación.

Estos textos analizados, al mostrar una unilateralidad endógena de los procesos sociales, no sólo "silenciaron" adrede las memorias locales periféricas a Abomey y a la corte, que daban lugar a argumentaciones rizomáticas sobre el poder del reino y su legitimidad política entre otras poblaciones, sino que, al hacerlo, fragmentaron el análisis de las transformaciones simbólicas dentro del reino en el siglo XIX, que prepararon el terreno para una sedimentación social de la transición económica. Edna Bay analiza con detenimiento estas historiografías locales, enfocándose prioritariamente en la voz de las mujeres campesinas de grupos étnicos diferentes al fon y distantes de la antigua capital. La historiadora sostiene que el rey Ghezo llevó a cabo un programa clave de "expansión del ciclo ceremonial"[46] en este momento de inflexión política y económica. El árbol de palma se declaró sagrado y se impidió su corte en 1840; un impuesto sobre la producción agrícola (el *kouzou*) se transformó en gravamen pagable exclusivamente en aceite de palma. Las "Celebraciones anuales" (*Xwètanu*), clásicos rituales de redistribución de bienes y demostración simbó-

[46] Véase Edna Bay, *Wives of the leopard*, *op. cit.*, pp. 213 y ss.

lica del poder real desde el siglo XVII, se ampliaron en magnificencia y en tiempo de duración hacia la década de 1850. Además, se agregaron ceremonias en Cana, conmemorando la "liberación" de la tutela de Oyo. ¿Qué pueden haber implicado estas extensiones de los rituales reales en un momento clave como los decenios entre 1840 y 1860, épocas de declive económico y cambio coyuntural? Por un lado, la necesidad de aglutinar a la población con más fuerza en torno de sentidos "simbólicos" de pertenencia, de crear ciclos ceremoniales que incluyeran elementos étnicos yorubas, akan, o mahi debido a la importancia de esa población en el reino en el siglo XIX; y de mantener al grueso de la población en las actividades planificadas por la corte. Sin embargo, Edna Bay agrega un punto importante respecto a estas reformas, que merece atención aquí. En esta época, una de las ceremonias que más se populariza es la dedicada a *Gakpe.* Éste era el nombre de nacimiento de Ghezo, antes de ser nombrado *vidaho* o sucesor real con un nombre propicio, de acuerdo con la costumbre local.

Gakpe es tomado en los relatos del siglo XIX a veces como un fetiche más, a veces como un símbolo que aglutinaba a la población. Sin embargo, podemos intentar descifrar la importancia de esta identidad alternativa del rey leyendo las palabras de Freeman, un enviado inglés que visitó Dahomey en 1856:

> Garuapay [Gakpe] es una especie de ideal representativo del genio de la nación. Él se lleva los créditos de todos los logros que no pueden ser atribuidos con propiedad a la persona del rey [De hecho] durante una larga entrevista con el rey, éste me mostró un vestido hecho con gran prolijidad, que declaró ser manufactura local, y estaba tan bien hecho que yo mismo mostré gran sorpresa y curiosidad [entonces] le pregunté quién tenía las habilidades para producir ese tipo de artículo, y la respuesta del rey fue "Gakpe lo hizo". Por la forma en que la respuesta me fue dada, supe que había algo de misterio alrededor de Gakpe [luego] indagué más y supe que [...] el rey no podía decir, sin perder su dignidad, "yo lo hice".[47]

[47] Cit en *ibid.*, p. 218. Lamentablemente Bay no proporciona la fuente exacta donde aparece este escrito, más allá de las referencias que hemos dado en el párrafo.

En el momento del reinado de Ghezo, y probablemente debido a las influencias de las características culturales de los reyes yoruba o de los reyes europeos (sobre todo de la reina de Inglaterra),[48] la figura del rey debía permanecer separada de cualquier actividad económica o directamente ligada a la producción. Sin embargo, a partir de la recolección de tradiciones orales, se sabe que el palacio de Abomey tenía en sus manos los monopolios de producción textil y cerámica, además de tres grandes plantaciones *ad hoc* de palma en los alrededores de Abomey. Cuando el rey Ghezo firmó en 1852 el tratado para abolir la esclavitud, tratado que jamás se cumplió, él mismo declaró que podía responsabilizarse sólo de la mercancía que saliera desde Whydah al Atlántico, no respecto a *Gakpe.*

Gakpe como identidad paralela del rey era a la vez una cosmovisión alternativa y coexistente del reino. Era el concepto colectivamente asumido que permitía al rey alejarse simbólicamente de las actividades económicas tal como las concepciones locales lo requerían, pero a la vez dejaba al palacio como agente indispensable en el control de las nuevas formas de producción. Fue un símbolo clave que permitió al rey como tal firmar un tratado de finalización de la trata atlántica de esclavos, y a la vez continuar con la utilización de cautivos dentro del reino, en las plantaciones o en las Celebraciones anuales (*Xwètanu*). La ambivalencia de este personaje fue entonces un símbolo ritual indispensable para frenar el colapso de una economía en transición, tanto frente a los agentes de presión externa como frente al grueso de la población.[49]

[48] Este tipo de argumentos los recupera Bay de los reportes del oficial de ultramar Auguste Bouët y de Richard Burton. Véase *ibid.*

[49] Este "personaje" nos remite a Komfo Anokyo, del vecino reino de Ashante, el símbolo personificado, trans-temporal, dueño de las leyes ancestrales del estado; Anokyo toma cuerpo colectivo —y sólo allí se nombra— hacia finales del siglo XIX en los momentos de conflicto político y enfrentamiento entre el Ashantehene y los europeos. De la misma manera, Gakpe aparece como símbolo ritual en un momento de transición, es el *médium* en un ritual de pasaje hacia nuevas formas de produc-

Es necesario notar un punto desde la perspectiva de género. En el caso del palacio, el conocido ejército de amazonas que tenía el rey de Dahomey desde mediados del siglo XVIII —motivo de asombro y de exotismo para todos los viajeros— fue refuncionalizado por Ghezo a tal punto que el ejército real ascendía a cuatro mil o seis mil mujeres según las fuentes, y era la vanguardia militar del reino en cuanto a estrategia, constituían el punto nodal de la resistencia contra los franceses entre 1892 y 1894.[50] Además de las amazonas, hay que resaltar que en el siglo XIX las mujeres se habían transformado en actores sociales importantes para ser cooptadas por parte de la monarquía. No ya por la fuerza de la *kpojito*, "madre" del reino ligada a los ancestros fundadores, al pueblo y a las deidades particulares, sino más bien por las mujeres independientes que habían conseguido riqueza, y que era necesario neutralizar. Mientras los relatos acerca de las mujeres de la antigua región capitalina de Abomey hablaban de las *ahosi* o las princesas, de su importancia o de su riqueza, en las narraciones recogidas en áreas costeras cercanas a Whydah se destacaba la importancia de mujeres de origen generalmente exógeno, yorubas o minas, mujeres independientes que habían adquirido una riqueza importante a partir del comercio de aceite de palma.[51] Por otra parte, las mismas tradiciones muestran que las industrias cerámica y textil, al menos en el siglo XIX, si bien eran monopolios reales, su comercialización estaba en manos de mujeres empresarias.

El tema permite concentrar la atención en los "usos" de los pasados dahomeyanos que hizo cierta historiografía, sobre todo a partir de un debate académico ya instalado: el comercio atlántico de esclavos y su agotamiento. Es importante

---

ción y de vida material y política. Véase T. McCaskie, "Komfo Anokye of Ashante: meaning, history and philosophy in an African society", *Journal of African History*, 27, 1986, *passim.*

[50] E. Bay, *Wives…*, *op. cit.*, p. 201.

[51] *Ibid.*, p. 198.

destacar que tanto Akinjogbin como Ronen o Glelé enriquecieron ampliamente las nociones que se tenían sobre el funcionamiento de la esclavitud y el cautiverio en África, así como dieron a conocer registros orales inasibles que ampliaron el espectro hipotético. Pero a la vez, el comercio de seres humanos, la diáspora y el retorno de ex esclavos a Dahomey también se convirtió en uno de los puntos más fuertes de tensión a los cuales se transfirió un sentido necesario de "inmacular" el Estado nacional naciente, desplazar el foco analítico hacia otras "responsabilidades" y transferir a la historia/palimpsesto la posibilidad de restaurar un sentido experiencial africano, único y verdadero. En este "sentido", la(s) diferencia(s) étnica(s), el espacio político del género y las historiografías periféricas a la corte y a los nodos "modernos" del estado parecen haber representado una amenaza epistemológica a la narrativa uniforme de la nueva nación posindependentista o al imperativo político de la historia-garantía. Los resultados fueron su exclusión del discurso histórico, su desplazamiento parcial, o al menos su inclusión selectiva, fragmentaria y distorsionada en los relatos totalizantes de la nación.

FIGURA 1. República de Benin en 1960

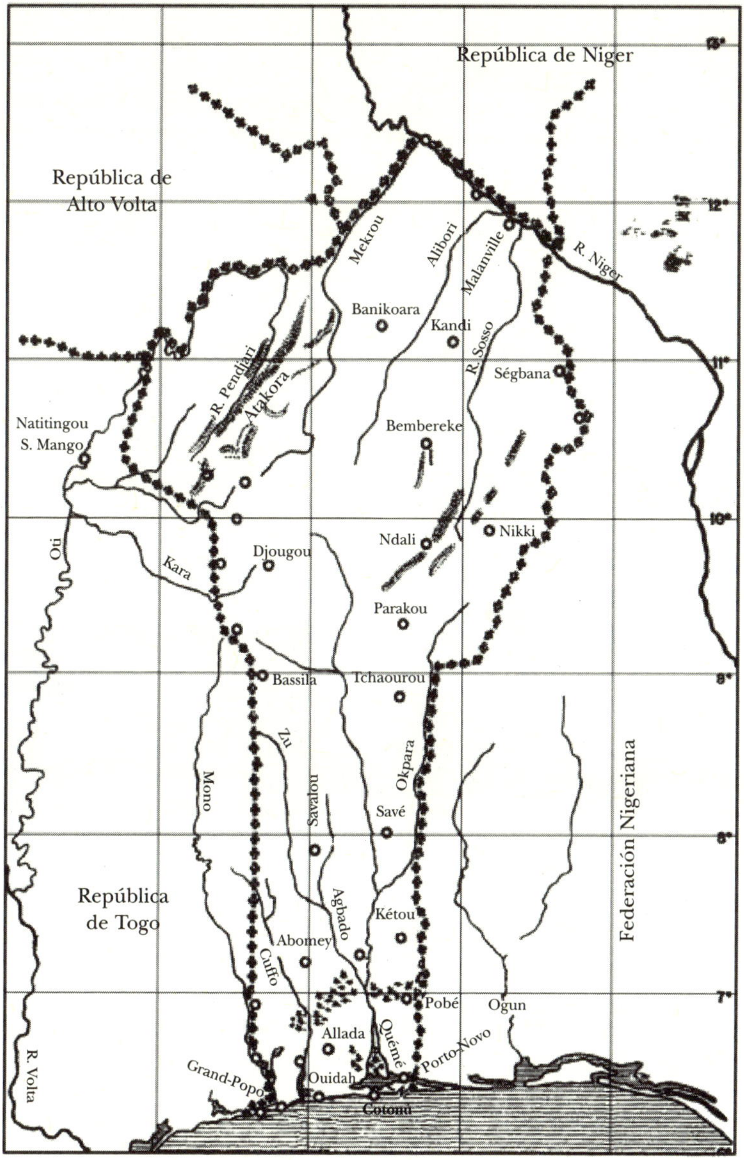

Fuente: Robert Cornevin, *Histoire du Dahomey*, París, Berger-Levrault, 1962, p. 17.

FIGURA 2. Dahomey en el siglo XVIII temprano

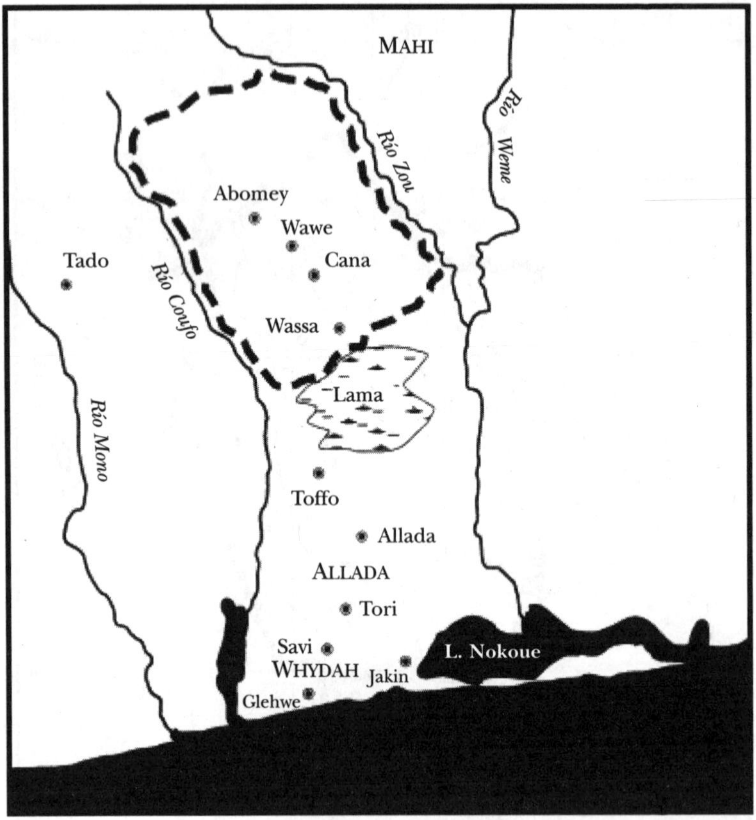

Fuente: Edna Bay, *Wives of the leopard: gender, politics and culture in the kingdom of Dahomey*, Virginia University Press, 1998, p. 42.

II. LA NARRATIVA HISTÓRICA COMO DESTINO: EL ESTADO, EL HÉROE Y LOS ORÍGENES

La administración textual de la nación: orígenes inmaculados de una modernidad anacrónica

> La desmesura que pretendemos poner en evidencia radica en la intención de borrar el presente y la espera de un futuro indescriptible, mediante la mostración de lo que será como algo ya realizado.
>
> Héctor Schmuckler[1]

Entre otras, la obra importante de I. A. Akinjogbin, *Dahomey and its neighbours*, es una muestra de las resonancias y la profundidad política con que la instauración de una idea peculiar de pasado se imbrica en la narración histórica. Nigeriano, formado en el SOAS de Londres y con una carrera reconocida dentro de los exponentes de la Universidad de Ife en Nigeria, Akinjogbin escribe este libro con un objetivo claro que se identifica en el prefacio:

> La introducción de la trata transatlántica de esclavos en el país Aja hacia fines del siglo XVII, debilitó las instituciones aja y creó un vacío político. Sin embargo, antes de que este proceso hubiera alcanzado un carácter irreversible, uno de los grupos aja fundó un nuevo estado, más tarde denominado Dahomey, creado para detener las influencias corrosivas del nuevo sistema económico.[2]

[1] Héctor Schmuckler, "Entre historia y memoria", *Estudios*, núm. 10, Centro de Estudios Avanzados, Argentina, Universidad Nacional de Córdoba, 1998.

[2] I. A. Akinjogbin, *Dahomey and its neighbours, 1708-1818*, Londres, University of Cambridge Press, 1967, p. ix.

El primer interés de Akinjogbin era demostrar que el origen de Dahomey no fue el de incentivar la trata esclavista y conseguir para tal efecto una salida territorial y portuaria, sino la necesidad de crear un estado que detuviera la trata. En sí misma, esta afirmación generó y aún genera una controversia importante. Sin embargo, lo que interesa a los objetivos de mi análisis es poner a la empresa narrativa de Akinjogbin en prisma de estudio, no tanto por el carácter "indefendible" de esta tesis, como muchos otros autores la han calificado,[3] sino sobre todo para mostrar los espacios productivos de la obra, quizás más silenciosos, pero no por ello menos poderosos en la construcción de una idea del pasado africano.

Tanto Akinjogbin, John Yoder como Augustus Adeyinka[4] construyen la noción de Dahomey como un espacio único dentro del gran país Aja, con diferencias notables en la estructura estatal, en la organización política y en la complejidad de jerarquización y estratificación social. Para Akinjogbin, Dahomey representa "un oasis de orden interno y sólida administración en un mar de caos circundante". Y agrega: "la base de esta posición única fue construida en el siglo dieciocho".[5]

Esta imagen es interesante por el doble proceso significativo que en ella se advierte: por un lado, Dahomey pertenece al "gran país aja-yoruba", comparte un origen común e instituciones similares con sus "vecinos", una unidad cultural perdurable, en sus términos.[6] Sin embargo, "no somos tan iguales". Para el autor, la piedra basal de Dahomey es un intento —históricamente fallido— para restablecer el principio de estabilidad dentro de la *diferencia* africana: la visión europea del continente caótico, fuera del tiempo de la modernidad.

[3] Robin Law y Edna Bay en los trabajos aquí citados, pero sobre todo David Ross. Véase D. Ross, "European models and West African History…", *op. cit.*

[4] J. Yoder, "Fly and Elephant parties…", en A. Adeyinka, "A reasessment of the African Monarchy…", *op. cit.*

[5] I. A. Akinjogbin, *Dahomey and its neighbours, op. cit.*, p. 4. Las cursivas son mías.

[6] *Ibid.*, p. 8. Analizaremos las implicaciones de este punto en otro apartado.

Para este historiador, lo que las demás "culturas" —el término etnia sería demasiado riesgoso en su narrativa— no lograron cristalizar, Dahomey lo convirtió en parte de su filosofía política y en un principio de orden.

Para Akinjobin el país Aja-yoruba estaba construido sobre las bases de una "teoría social" que es posible reconstruir a partir de las ceremonias y rituales "tradicionales" que aún persisten en Benin. El principio fundante de esta teoría, según el historiador nigeriano, era la apropiación de un origen común de todos los pueblos del *plateau*, encarnado en un "gran ancestro".[7] De esta manera, una característica principal de la filosofía política de los grupos aja-yoruba aún visibles, según Akinjogbin, es la concepción del estado como una "versión más amplia de la familia".[8] No sería pertinente evocar las reminiscencias hegelianas si no fuera porque páginas más adelante, el autor recalca la ruptura revolucionaria que hizo Dahomey respecto a esta teoría social. Akinjogbin puntualiza que lo mismo que forzó al ancestro originario Dogbagri Genu a escindirse de Allada (esto es, el involucramiento de los pueblos aja en la trata esclavista), y a fundar un nuevo reino en Abomey, también causó el rechazo de la antigua teoría social y del sistema político basado en ella. Aquí hay un punto divergente que no aparece en la obra de Akinjogbin. El estudio comparado de tradiciones orales revela que si bien a Wegbaja y a Agaja se les endilga la "renovación" completa y el quiebre con las estructuras anteriores, esta versión no aparece en las historiografías locales, sino hasta la segunda mitad del siglo XIX, cuando el reino adquiere más claramente la noción centralizada y jerárquica con Ghezo y Glelé. Las versiones anteriores registradas en relatos de viajeros proponen más bien las políticas de negociación y préstamo cultural entre Wegbaja y los antiguos reyes y jefes locales. Algunos historiadores incluso

[7] *Ibid.*, p. 14.

[8] *Ibid.*, p. 15. Aquí el autor hace referencia a la palabra "dada", como se llama al rey en Dahomey —lengua fon— y cuyo significado es "padre".

proponen ver a la "filiación" de Dahomey con Allada que aparece en las historias orales tardíamente, como una expresión en idioma "genealógico" que pone en evidencia que Dahomey "sucedió en supremacía" a Allada, más que la narración de un episodio estrictamente histórico.[9]

Lo cierto es que el nuevo reino fue, además de una formación política disidente con el nuevo sistema socioeconómico, una estructura de quiebre con "la tradición", para inventar otra. En el texto de Akinjogbin, los dahomeyanos rechazaron la imagen de la familia extendida y

> representaron el estado como un recipiente con su superficie perforada y al rey como el agua que debía permanecer en él. Pero antes de que esto pudiera ser efectivo, debía haber un grupo de personas preparado para colocar un dedo en cada perforación; ellos representaban a los súbditos.[10]

Según esta tesis, Dahomey habría fundado una nueva tradición política africana: el énfasis relacional puesto en los individuos y el principio de adscripción "ciudadana" que descansa en la voluntad individual de coadyuvar al sostenimiento de la estructura política —ya no en los lazos de parentesco ni en la estructura de la comunidad. La relación de interdependencia de la vieja concepción de la "familia extendida" era remplazada a principios del siglo XVII por una matriz de claro corte liberal, por la cual el concepto abstracto de sociedad, y más aún de representación, tenía su manifestación más clara en la concepción de un súbdito-individuo sólo responsable —y agente— ante el rey-estado.

Los problemas de esta teoría son varios. En primer lugar, Akinjogbin nunca explica concretamente de qué tradición oral se trata, dónde y cuándo fue recogida, si él fue el etnógrafo que la recogió, etc. Por otra parte, las únicas fuentes escritas en las que se hace alusión al "recipiente perforado" son

[9] Véase R. Law, "History and legitimacy...", *op. cit.*, p. 448.
[10] I. Akinjogbin, *Dahomey and...*, *op. cit.*, p. 25.

los relatos decimonónicos de R. Burton y S. Skertchly. Estos dos viajeros relatan que un recipiente perforado estaba en los salones del palacio, al lado de uno mucho más alto y compacto. Ese mismo recipiente perforado se llevaba a las batallas, dado su "gran poder fetichista".[11] En su análisis sobre la presencia de modelos europeos en la obra de Akinjogbin, David Ross atribuye la existencia de este "recipiente perforado" a un elemento del *vodun* —religión popular fon— en la corte, que fue utilizado para luchar contra el reducto yoruba de Abeokuta a mediados del siglo XIX. Si bien la única aclaración que hace Akinjogbin es que esta tradición fue "articulada"[12] por Ghezo (1818-1858), lo más probable es que se trate de una innovación simbólica *de Ghezo* para unificar con fundamentos religiosos populares al ejército y las fuerzas del estado contra Abeokuta, lo que convierte a la simbología en una creación reciente.[13]

Otro de los pilares renovadores descansaba en la legitimidad del poder: el principio de adjudicación territorial[14] ya no estaba dado por la herencia, la pertenencia clánica o la consanguinidad, sino por la fuerza. Esto marca en Akinjogbin dos puntos clave: por un lado, la justificación filosófica de la

[11] R. F. Burton, *A Mission to Glelé*, cit. en David Ross, "European models and West African History", *op. cit.*, p. 295.

[12] Como apunta Ross, Akinjogbin nunca aclara qué significa esa articulación, y en todo caso por qué Ghezo la realizó y cuáles son las fuentes concretas que ofrecen esa información.

[13] Véase David Ross, "European models…", *op. cit.*, p. 296. La misma idea se proporciona en A. Djivo, *Guezo, la renovation…*, *op. cit.*, p. 72. Si nos centráramos en un análisis minucioso de la propia crítica de Ross, surgen también algunos problemas. El historiador británico, si bien recalca la presencia de "modelos" europeos en la obra de estudiosos de Dahomey como Akinjogbin, no contextualiza las obras que critica (John Yoder y Akinjogbin principalmente) y no rescata la productividad significativa de las obras, puesto que la operación historiográfica paradójica de conducir a los orígenes "inmemoriales" un símbolo fundante es parte de la narrativa histórica de construcción nacional: se borran los agentes de su historicidad, se limpian sus "impurezas" de maniobra política, y se conduce a la "tradición" (como lo que queda "fuera" de la historia) a un hecho puntual dentro del proceso histórico.

[14] Nótese la importancia de este punto en las consideraciones de Akinjogbin, tratándose fundamentalmente de fuentes orales que trabajan con las concepciones históricas de derechos campesinos sobre la tierra.

ocupación forzosa que hicieron los primeros reyes de Dahomey sobre las tierras ancestrales de los *mahi* y los *bariba.* Por otra, es una forma de justificar el carácter militarizado de Dahomey como sustentado por la filosofía histórico política de la tradición (siendo que generalmente se adjudica ese carácter a la estructura económica de razzias esclavistas propia del reino). Para el historiador nigeriano, el factor militar centralizado en las manos del rey fue una forma de impedir las guerras intestinas en el país Aja (que se habían producido antes de la "llegada" de Dahomey en el territorio, sobre todo con el uso de armas de fuego europeas, y que serían las que desmembraron el "sub" país yoruba) y fue también la base sustentadora de la operatividad política del estado, pero no una respuesta a la necesidad de conseguir esclavos. La importancia de la organización dahomeyana no se halla en la fuerza militar *per se,* sino en haber mantenido (gracias a su estructura militar) una burocracia intacta en todo el conflictivo siglo XVIII. Se trata, para Akinjogbin, de una innovación en las fuentes legitimantes del poder, que "corre acorde con la moderna idea europea de un estado nacional".[15]

Cualquier persona que se comprometiera con la nueva concepción de poder político y de representación monárquica podía adherirse al nuevo estado, encontrar seguridad en él en una coyuntura de "caza humana", y convertirse en "ciudadano dahomeyano", sin importar su origen.

El resultado es claro: el pueblo de Dahomey es "cosmopolita".[16] En la obra de Akinjogbin esto parece tener poco que ver con las circunstancias históricas de la trata esclavista, del destino de los "retornados" y de las postas europeas desde el siglo XVII. El cosmopolitismo dahomeyano es consecuencia de una filosofía política originaria, original y, sobre todas las cosas, revolucionaria.

[15] I. Akinjogbin, *Dahomey and its neighbours...*, *op. cit.*, p. 25.
[16] *Ibid.*, p. 26.

Así, el origen del estado es una figura de ruptura con el resto de la configuración política africana. En Akinjogbin hay una doble operación respecto a la historia: Dahomey es completamente africano y su nacimiento no debió nada a la importación de ideas europeas y mucho menos a la necesidad de asegurarse la primacía en el nuevo contexto económico. Sus instituciones y sus fundamentos organizativos responden a la vieja matriz panafricana. Sin embargo, esta célula política aparece para romper con un punto clave: la imposibilidad histórica de los demás pueblos del "gran país", su anacronismo y su horizonte de expectativas inexistente. Dahomey ingresa en la Historia como un principio de orden, como el conductor de una forma política nueva, y el protector, *pater* de las débiles organizaciones de la zona. A su vez, aparece como base de desarrollo del "espíritu" universal: su filosofía política es "moderna", prevé una Idea de Estado Nacional —idea que no será "realizada", sino hasta el momento en que Akinjogbin escribe la historia, esto es, los años de descolonización— y se inscribe en la connivencia de una Historia Universal desde el principio del siglo XVII.[17] Por supuesto, nada de este principio "peligrosamente revolucionario"[18] cuajará en un entorno africano que aún es "incapaz" de reconocer la historia-destino dahomeyana, "progresista"; y serán otras fuerzas "corrosivas" las que signarán la historia-errada: la sumisión periférica al capitalismo emergente, el ingreso de lleno en la economía extractiva del esclavismo, todo lo cual se coronará con el adormecimiento político de la "nación en potencia".

Sin embargo, hasta transcurrido el primer cuarto del siglo XVIII Dahomey era aún Abomey, la ciudad y sus alrededores. Los estados poderosos de la costa, Allada y Whydah, segui-

[17] De hecho, las historiologías orales presentan a Dahomey como un reino "en constante expansión", en términos radicalmente diferentes a una "historia lineal". Sin embargo, es interesante que Akinjogbin se apropie de esta narrativa para encastrarla en el lenguaje evolucionista de formación del estado nacional. Véase R. Law, "History and legitimacy"..., *op. cit.*, p. 443.

[18] I. Akinjogbin, *Dahomey and its neighbours...*, *op. cit.*, p. 26.

rían marcando los destinos del "gran país", cada vez más empeñado en continuar con la trata esclavista. Akinjogbin argumenta que en estos momentos —entre 1680 y 1724, cuando el rey Agaja conquista Allada y se constituye Dahomey como reino expansivo— comienzan a perfilarse las consecuencias destructivas del nuevo sistema económico, y se sentaron las bases caóticas de desmembramiento social que demostraron la inviabilidad de la "vieja" teoría social. Para el historiador nigeriano, la primera muestra de ello se da en 1671, cuando muere el rey Agaba de Whydah, y el sucesor elegido por los métodos locales es despojado del trono en favor de Huffon, un rey "pro-europeo" escogido por los propios holandeses. Este episodio representaba "una separación completa de la constitución aja", pero sobre todo es la muestra para Akinjogbin de que la erosión de los principios locales de autoridad y la ilegitimidad dentro de la política estatal fueron factores producidos por la intromisión europea en los asuntos de política interna. Mientras esto sucedía, la célula de Abomey, recientemente fundada, miraba con expectación lo que pasaba en los reinos de la costa.

La competencia entre Allada y Whidah por la primacía económica y la exportación de esclavos se mostraba como la ruptura del concepto social de unidad política y cultural. En la narrativa de Akinjogbin, la guerra entre Allada y Whidah entre 1712 y 1720 sólo agravó las condiciones del *poder vacuum* en el país Aja.[19] Este concepto de *poder vacuum* es importante en el discurso, no sólo porque será Dahomey quien a partir de los ataques a Whidah y Allada conferirá legitimidad a la organización política de la zona, sino también porque en esta coyuntura de indecisión política y de fragmentación de los fundamentos constitutivos de la "teoría social tradicional", a los pueblos aja de Allada y Whidah "les era imposible [...] unirse para reconocer, y mucho menos oponerse, a un peligro co-

[19] *Ibid.*, p. 57.

mún",[20] que sólo Dahomey reconocía. La imposibilidad de definir un enemigo externo era la base de la fragmentación.

Además de la construcción de Agaja como héroe africano con una trayectoria específica, el propio reino de Dahomey es parte de un destino cuya teleología sólo es posible de ser definida a partir de la puesta en trama histórica, y con la exhumación poscolonial de las claves de su pasado. El rey de Abomey, Agaja, conquistó Allada en 1724, con lo cual "precipitó una revolución cuyo final aún no era previsible".[21] Pero la importancia de Dahomey no radica en haber logrado "llenar" el vacío político reinante, sino que

> [...] rechazó la constitución tradicional y formuló una nueva. Estaba destinado a producir un choque entre lo "nuevo" y lo "viejo" [...] en otras palabras, la conquista fue la culminación lógica de los principios por los cuales la dinastía de Wegbaja se había levantado, el principio de autoridad derivado de y respaldado por la fuerza, y no ya por el orden de nacimiento.[22]

La situación de caos es remplazada por un orden no sólo cronológicamente nuevo, sino políticamente renovador. El estado dahomeyano empuña tempranamente un sentido de laicidad que "repatria el devenir humano en una aventura exclusivamente terrestre".[23]

Agaja es el héroe que logra rearmar la situación política en un clima de caos circundante, y los principios legitimantes del poder son otros, nuevos y "modernos": la fuerza militar (y no la sangre), la legitimación individual de los súbditos ante el rey (y no meramente el respaldo hereditario), el reclamo de la pertenencia territorial por la fuerza de la conquista (y no con base en mitos ancestrales fundadores). La transición desde una "Edad Media" descentralizada daba paso a la "Moder-

[20] *Ibid.*
[21] *Ibid.*, p. 66.
[22] *Ibid.*
[23] Véase M. Diouf, "Des historiens et des histoires...", *op. cit.*, p. 338.

nidad" fundada en los principios históricos de un Estado Absoluto:

> [...] en contraste con la situación en Allada y Whidah, Dahomey era un reino estable donde el rey tenía autoridad suprema y controlaba un ejército [...] Una vez que Allada fue tomada, el resto del país Aja fue conducido a reconocer las nuevas bases de la autoridad.[24]

La renovación política contra el conservadurismo y los criterios obsoletos de las instituciones anteriores es muy clara en lo que Akinjogbin quiere demostrar. Los criterios meritocráticos del estado se impusieron sobre la tiranía de las designaciones *ad hoc*. "Siendo Dahomey una monarquía centralizada, ningún cargo fuera de Agaja era inalienable o hereditario. Cada oficial era impuesto por sus aptitudes, y podía ser transferido desde una tarea a otra, promovido o desplazado por el rey."[25]

La diferencia que establece Akinjogbin con este estado absoluto es que era, además, nacional; la simbología política del recipiente perforado hacía resaltar un punto clave: ningún rey tendría poder sin la colaboración de cada uno de sus súbditos, ligados con el estado por vínculos específicos (y no excluyentes) de pertenencia.

La tensión entre lo nuevo y lo viejo se rompe en el "choque de espadas luminoso"[26] del origen límpido, sin fisuras, sin conflictos: Dahomey se posiciona en la narrativa histórica como el sujeto destinado a rescatar al gran país Aja de la sumisión a las políticas europeas, de la aberración de la trata es-

[24] I. Akinjogbin, *Dahomey and its neighbours, op. cit.*, p. 68.

[25] *Ibid.*, p. 100. Es necesario recordar en este punto que la figura del rey, en Akinjogbin, no se asocia con el manejo indiscriminado de los poderes por parte de una sola persona, dado que "lo que antecede" los fundamentos de la monarquía (poder, coerción y dominación) es el "consentimiento" de los súbditos, una idea primigenia de representación.

[26] Uso esta expresión en alusión a la crítica de Nietzsche al concepto de "origen". Véase F. Nietzsche, *Sobre verdad y perjuicio de la historia para la vida*, Córdoba, Alcion Editora, 1998. [Trad. del alemán de Óscar Caeiro]; Véase también la crítica de Michel Foucault, "Nietzsche, la genealogía, la historia", en *Microfísica del poder*, Madrid, La Piqueta, 1992.

clavista, de la fragmentación política y del caos. Las palabras de Akinjogbin sobran en elocuencia:

> El estado que crearon [los fundadores de Dahomey] no fue el desarrollo de una organización tradicional hacia la tiranía feudal de la Europa Medieval. Fue algo más parecido a un estado nacional moderno [...] los fundadores de Dahomey veían al estado como un poder en el cual la ciudadanía estaba abierta a todos, a la gente diversa que quisiera obedecer y servir al rey [...] Visto de esta manera, la organización de Dahomey no era "tradicional", como eran los viejos reinos aja o los reinos yoruba. Era una organización *revolucionaria*, y así lo fue también el impacto que tuvo más tarde en el gran país Aja-Yoruba.[27]

Sin embargo, el orden nace históricamente de una concepción *a-histórica*; ésa es, en la obra de Akinjogbin, la característica clave de Dahomey. Las aporías de la historia lineal se repiten: se glorifica el carácter antiguo del estado nacional porque es en ese espacio de experiencia en el que el "pueblo" deviene consciente de ser sujeto de la Historia. A la vez, el estado nacional que irrumpe marca un "nuevo tiempo", una ruptura de carácter único y libertario. Paradójicamente, hay una doble dinámica de historización y de simultánea negación de la historia.[28] Cuando el autor, luego de narrar la victoria de Dahomey sobre Allada y Whydah se pregunta "¿Por qué la revolución fue tan fácil?",[29] las respuestas que encuentra son la concienzuda intervención de Agaja y la profunda debilidad del viejo sistema. Pero ¿de dónde nacieron las nuevas concepciones de legitimidad del poder? ¿Cómo fue posible, al nivel de las prácticas, terminar con "la tradición" del viejo sistema? ¿Qué tipo de condiciones experimentales estaban dadas en los sujetos sociales y políticos de Abomey como para "romper" con el universo político pan-aja?

[27] I. Akinjogbin, *Dahomey and its Neighbours*, *op. cit.*, p. 204. Las cursivas son mías.

[28] Para un tratamiento profundo de este punto véase P. Duara, *Rescuing history from the nation...*, *op. cit.*, pp. 27-33.

[29] Véase I. Akinjogbin, *Dahomey and its neighbours*, *op. cit.*, p. 71. La retórica revolucionaria también está presente en forma recurrente en la narrativa histórica de este historiador.

Historiadores como Robin Law, y sobre todo Susan Preston Blier, hacen un recuento y un análisis cuidadoso de las tradiciones orales periféricas a Abomey que relatan desde diferentes ángulos la fundación del reino y las políticas de los primeros reyes respecto a las poblaciones anteriores del lugar, resaltando la negociación simbólica de significados con las poblaciones *igede* y *bariba*, la apropiación de los atributos locales de poder y la legitimación del poder político mediante la conformación de confederaciones. Akinjogbin, además de no mencionar este tipo de argumentos, hace menciones en diversas partes del texto sobre "la imprecisión" de las tradiciones orales, la "oscuridad" de los hechos anteriores a este primer cuarto del siglo XVIII.[30]

Pero nada se nos dice de aquellas preguntas en el texto de Akinjogbin. Dahomey simplemente "lo hace", se interna en la historia como sujeto redentor "sin pasado". Es a partir de esa irrupción que es posible escribir La Historia de *Dahomey y sus vecinos*, antes no hay nada; después, está incompleta. Quizás la diferencia con otras historiografías de la nación, como las chinas, en las cuales la "tradición oral" se convierte en un elemento repudiado,[31] carente de verosimilitud por sus reminiscencias atávicas, es que aquí las historias orales se apropian selectivamente, son el elemento que intenta solucionar la aporía al amalgamar —diferenciando, claro— la experiencia de lo "tradicional" y de lo "histórico".

El reino de Agaja que conquista Allada y Whidah para imponer la condición legítima de lo que el destino preconcebido considera "lo correcto" en términos de experiencia social africana, es la historia narrada de una incomprensión. Dahomey se presenta como un reino anacrónico en su origen y la solución histórica que tuvo el estado, según Akinjogbin, ha-

[30] Véase I. Akinjogbin, *Dahomey and its neighbours*, *op. cit.*, p. 62; véase R. Law, "History and legitimacy", *op. cit.*; S. Preston Blier, "The Path of the leopard: motherhood and majesty in early Danhomé", *Journal of African History*, 36, 3, 1995.

[31] Véase P. Duara, *Rescuing history from the nation…*, *op. cit.*, pp. 27-33.

bría sido la capacidad de maniobra: sostener el nuevo sistema político y la legitimidad del poder sin abandonar por completo la coyuntura esclavista, cosa imposible a los ojos de quienes "no comprendían" los daños producidos al Sujeto Histórico. "Agaja fue forzado a convertirse en un rey que apoyaba la trata esclavista en 1730 y Tegbesu la priorizó ante cualquier otra actividad nacional desde 1740".[32]

Akinjogbin describe las "revueltas" originadas alrededor de Dahomey entre 1726 y 1740 como el precio a pagar por el "reacomodamiento político" que implicaba la expansión del reino. El choque con los jefes locales se ve menos como respuesta lógica a la usurpación de territorios o a la presunta voracidad de Dahomey que como la "resistencia al cambio" de esos exponentes conservadores. En esta "resistencia tradicional" Akinjogbin ubica al imperio yoruba de Oyo y a su política ofensiva con Dahomey. Es un hecho importante que poco se dice de la batalla de 1730 por la cual Dahomey queda bajo la tutela impositiva de Oyo; no hay referencias a las circunstancias históricas de la lucha y de la tensión política. En su narrativa, Oyo es el acérrimo defensor del *statu quo* y de la antigua tradición política.[33] La incomprensión de las actividades de Dahomey por parte de estas otras fuerzas, entre las cuales la de Oyo era la más poderosa,[34] hicieron de este periodo de renovación una experiencia traumática que culminó en la políti-

[32] A. Akinjogbin, *Dahomey and its neighbours*, *op. cit.*, p. 75. Las cursivas son mías.

[33] *Ibid.*, p. 81.

[34] Cuando Akinjogbin analiza la caída de Oyo, los factores que la mayor parte de la historiografía yoruba considera relevantes (como la presión islámica desde el norte) no tienen injerencia para el historiador nigeriano. Según su análisis, el imperio cae porque Awole, el *alafin* de Oyo, atacó otra ciudad yoruba aparentemente aliada de Dahomey. Esto habría roto la teoría social sobre la que había descansado toda la estabilidad política aja-yoruba: la prohibición de entrar en guerra con los propios pueblos del gran país. A partir de aquí, el desmoronamiento de la estructura política entera fue inevitable. Sin embargo, esta misma cláusula había sido rota antes por Dahomey. La diferencia de suerte entre la trayectoria de Dahomey y la de Oyo parece haber estado, para Akinjogbin, en los motivos históricamente progresistas con los que se infringió la tradición y en el destino histórico del reino. Véase I. Akinjogbin, *Dahomey and its neighbours*, *op. cit.*, p. 177.

ca de "acomodamiento" al sistema esclavista y a la penetración europea, con estricto control de sus actividades según el historiador nigeriano. Sin embargo, el enfrentamiento militar con Oyo significó las sucesivas derrotas del estado renovador e incomprendido y del rey heroico cuya magnanimidad y sabiduría lo hizo comprender la gravedad de la situación política.

> Agaja supo que su programa revolucionario para un nuevo sistema político Aja y la sustitución de la trata de esclavos por un nuevo modelo de relaciones económicas con Europa no podría lograrse con semejante oposición que se había gestado. Si no modificaba su política, Dahomey sería completamente destruido.[35]

En esta coyuntura, Agaja eligió "el mal menor" para su estado, de revolucionario a reformista, dadas las circunstancias: en la narrativa de Akinjogbin, el rey "adaptó" la coyuntura económica esclavista, "convirtió" la actividad en un monopolio del estado, impidió el comercio esclavista en los puertos difíciles de controlar como Jakin, y trató de conservar intacta su estructura administrativa.

Visualizar las "falencias históricas" del trabajo de Akinjogbin, o su manipulación discrecional de las fuentes documentales y de las tradiciones orales es una tarea que ya ha sido emprendida, en ocasiones enérgicamente, por David Ross.[36] Sin embargo, desde mi lectura Akinjogbin no es en absoluto un manipulador irresponsable y descuidado con la historia, al contrario, el análisis escrupuloso de su obra la muestra como un texto fundante. Es cierto que trabaja de forma errática con las tradiciones orales, las tilda de "oscuras" y escurridizas. Pero eso es menos una calificación en sí misma que una necesidad de posicionar su narrativa dentro de la agenda historiográfica profesional y de identificar a la "ciencia social histórica" como la posibilidad apropiada para narrar la modernidad en

[35] *Ibid.*, p. 91.
[36] Véase D. Ross, "European models...", *op. cit.*

África. Evidentemente llama la atención que Akinjogbin no haya utilizado la pluralidad intrínseca y rica de las tradiciones orales de Benin,[37] pero hacerlo lo hubiera conducido a escribir otra narrativa —"sin"— destino, otra idea plural no sólo de las posibilidades de registrar el pasado, sino también de los agentes productores de esa historia.

De forma similar, el historiador y conocido político beninés Maurice Glelé considera la irrupción de Dahomey como estado "curioso", por asemejarse tanto a las estructuras modernas de los estados europeos.[38] Una vez más, la cohabitación experiencial entre Occidente y "el resto" es posible. Sin embargo, en Glelé son los reyes la única agencia reconocida como encarnación del espíritu del tiempo:

> [...] Conquistadores de alma, *movidos* por una voluntad irresistible de poder [ellos] *fueron llevados* a extender su poderío más allá de Abomey, gracias a su coraje y su inteligencia, y a constituir, desde el siglo XVII, un estado verdadero [...] en un sentido moderno [...][39]

La utilización del pasivo es parte de la concepción de un motor inmóvil que lanza a Dahomey a su realización en el Tiempo Histórico, con los reyes como sujetos únicos de la acción. Reyes que son, valga la aclaración, étnicamente fon. Con un carácter sagrado, "nacido de la noche de los tiempos" —nuevamente la paradoja— los reyes son los vectores del estado y los padres de la nación.[40] El "culto unánime al rey" absorbe cualquier otra posibilidad de subjetividad en la narrativa de

[37] Preston Blier desde la antropología social, Patrick Manning desde el análisis económico y Edna Bay desde la historia son quienes más han renovado el campo de estudio de la tradición oral dahomeyana en los últimos años. Véase Preston Blier, "The path of the leopard", *op. cit.*, P. Manning, *Slavery, colonialism and economic growth in Dahomey*, *op. cit.*, E. Bay, *Wives of the leopard*, *op. cit.*

[38] "Un territorio permanente, una administración territorial estructurada, una población numerosa, una fuerte organización fiscal, una economía dirigida y dinámica [...]", son los atributos que establece Glelé y que hacen "curioso" a Dahomey. Véase M. Glelé, *Le Danxomé...*, *op. cit.*, p. 167.

[39] *Ibid.*, p. 166. Las cursivas son mías.

[40] Véase *ibid.*, pp. 167-168.

Glelé, y la agencia queda subsumida en la omnipresencia totalizante y atemporal de la tradición.[41]

Lo que interesa resaltar en este acápite es la construcción significativa del estado Dahomeyano como un espacio político de negociación histórica: sus características eran completamente renovadoras, su irrupción en la historia fue "progresista". Un estado completamente africano, con la salvedad de haber reunido en sí mismo las características óptimas para el desenvolvimiento del espíritu hegeliano. La "ansiedad" que produce la historia lineal al concebir el futuro como espacio de realización absoluta, muy diferente a la cosmovisión africana de la historicidad, se resuelve en la creación de estos dispositivos de coherencia.[42] Más allá del traslado de categorías y de la evidente herencia ilustrada de la narración de Akinjogbin, lo importante de este texto en cuanto a su *capacidad performativa* es la creación prolija y distintiva de la trayectoria histórica de un sujeto *pre*visto —truncado en su voluntad originaria, desplazados sus propósitos, pero subterránea su "verdad"—: la nación dahomeyana. Para esta culminación exitosa ha sido necesario resaltar la idea de la continuidad cultural sobre los embates políticos.

Los reyes como héroes precursores del estado contemporáneo y "padres" de la nación poscolonial permanecen en narrativas como las de Glelé. Las operaciones epistemológicas que tienden a evidenciar esta continuidad impuesta por la monarquía muestran parte de la domesticación temporal en la narrativa histórica. Para Maurice Glelé, las festividades celebradas en Abomey en 1965, presididas por el último hijo vivo del rey Glelé, *Daa Sagbaju*, y presenciadas por el historiador, le permiten "confirmar" las vivencias de Richard Burton (1864) y

[41] Aquí se ve claramente la sentencia de M. Glelé acerca de que toda historia de Dahomey es en alguna medida una historia de la familia real. Véase Glelé, *Le Danxomé*, *op. cit.*, p. 21. Volveré en el último acápite sobre esto.

[42] Sobre este punto véase el análisis que Duara hace de Ricoeur. Véase P. Duara, *Rescuing history from the nation...*, *op. cit.*, p. 28.

las más recientes de Herskovits (1931).[43] Los rituales permanecían intactos, y con la misma "función social". Glelé enfatiza sobre la figura del rey en las antiguas celebraciones anuales —*Xwètanu*— como el dispensador de todos los bienes, no sólo de prebendas materiales, sino de recursos simbólicos aglutinantes de la nación. En las festividades contemporáneas,

> [...] todo se hace como en tiempos antiguos del reino, y ellas denotan la afluencia, el fervor, el entusiasmo que hacen imaginar lo que habrán sido [esas fiestas] en los tiempos de la monarquía [...] se observa allí una nación, una comunidad a la que une el mismo ideal [...] una civilización que, al estar profundamente enraizada, resiste a todos los factores extranjeros de desagregación.[44]

Resisten a través de la continuidad, con una única salvedad que marca el hiato de la historia: los sacrificios humanos de los prisioneros *Nago*—yorubas—, momento culminante de las *Xwètanu,* han sido remplazados por sacrificios de animales. En 1965 el ritual había sido "civilizado" y los enemigos históricos, "domesticados". El Tiempo Histórico se presenta entonces como un espacio desplegado, que ha dejado sin embargo "muestras" puras, restos intactos de la "tradición" original en un espacio "moderno".

Un elemento fundante en la operación de Maurice Glelé es el posicionamiento de la monarquía y sus descendientes como "preservadores" de la continuidad cultural que salvó a la nación y la hizo "re-emerger". Por ello para este historiador toda historia de Dahomey debe ser, de alguna manera, historia de la familia real, una familia que fue desplazada de su sentido político, aunque el mismo haya sido impuesto en un nuevo sistema que Glelé rescata: la jefatura.[45] En la era colo-

[43] Véase M. Glelé, *Le Danxomé...*, *op. cit.*, p. 170.

[44] *Ibid.*, p. 171.

[45] En una primera lectura de Glelé, resulta extraño que el libro comience con una "explicación" de la importancia de la jefatura en el interior del reino antiguo, y sus continuidades con el periodo independiente. Sin embargo, la voluntad epistemológica es clara cuando se llega al final del libro y el lector comprende la

nial, la monarquía se atomizó en jefaturas que fueron "repartidas" entre los diversos linajes de las antiguas familias reales —Wegbaja, Ghezo, Behanzin.[46] Glelé establece un correlato preciso entre la "posibilidad" de la nación independiente y la existencia de la jefatura, simplemente porque ésta fue el espacio de "contacto" con las masas durante el gobierno colonial, lo cual aseguró que el equilibrio entre "autoridad y consenso" no se perdiera entonces. Los jefes representaban "la confianza, la adhesión", el sentido democrático de los tiempos anteriores a la colonización; estos "sustitutos de los reyes" no fueron más que el vehículo político, el cuño nativo para hacer perdurable la matriz nacional.

Me interesa destacar la operación narrativa y obliterante en la obra de Glelé: en primer lugar porque la naturaleza del poder de la monarquía antigua difería mucho de la que tenían los jefes, solamente agentes de un poder jurisdiccional,[47] diferencia que no se advierte en la obra del historiador. En segundo lugar porque las connivencias entre el poder político colonial francés y las élites dahomeyanas precoloniales son conocidas, sobre todo las negociaciones para poder mantener el estatus económico y social en la imposición de una economía monoproductora capitalista.[48] A esto se suma la característica contingente de las celebraciones anuales (*Xwètanu*) en los años sesenta del siglo XX, *performances* rituales que no sólo diferían en sentido estricto de su significado social en el siglo XIX, sino que fueron reconvertidas en un "lugar de la memoria" específico a partir de la imposición del gobierno colonial.[49] Sin

---

"operación escriturística", en palabras de Michel de Certeau. Véase M. de Certeau, *La escritura de la historia*, México, Universidad Iberoamericana, 1993 [1975].

[46] Véase M. Glelé, *Le Danxomé...*, *op. cit.*, pp. 231 y ss.

[47] Véase Basile Kossou, "La noción de poder en el área cultural adja-fon", *op. cit.*

[48] Véase P. Manning, *Slavery, colonialism...*, *op. cit.*, pp. 273 y ss. También Eleni Coundouriotis, *Claiming history*, *op. cit.*, pp. 106-107.

[49] Para un estudio detallado de estas operaciones véase Sandra Green, "Notsie narratives. History, memory and meaning in West Africa", en Saurabh Dube (ed.), *Enduring Enchantments*, núm. especial de *South Atlantic Quarterly*, Duke University Press, 2002.

embargo, para Glelé fueron los jefes y sus políticas culturales la crisálida encapsulada para mantener intactos los significados precoloniales de la nación, con un sentido idéntico de monarquía disminuida. Por ello mismo, para este historiador, la nación, aunque pluriétnica, es una nación fon.[50]

Sin embargo, la crítica al plafón del "presente etnográfico" que no reconoce cambios en la matriz de la "tradición" ha sido un embate claro a las etnografías coloniales sobre Dahomey, al estilo de las de Herskovits.[51] Axel Harneit-Sievers va más allá y ve este problema epistemológico en algunas historiografías locales contemporáneas de África, "no académicas", que tienen cierta circulación social. En ellas, un abuso de la idea de linealidad temporal se imbricaría con la noción de "presente etnográfico".[52] Pero las obras "académicas" no están necesariamente exentas de este problema. Al analizar ciertos escritos académicos posindependentistas sobre Dahomey, la visión de una "continuidad armónica" de las concepciones sociales acerca del poder político desde los orígenes hasta la invasión colonial quedan implícitos. Los conceptos de *akohosu* y *xwétanu*, el oráculo de Fa y la religión *vodun* aparecen como elementos que "siempre" pertenecieron a Dahomey y con las mismas características. Habría sido la colonia la que irrumpió con el cambio y con la distorsión de las concepciones "tradicionales" que desde "los orígenes" se mantenían intactas y aseguraban la reproducción social. Pero lo cierto es que hubo importantes cambios internos en el siglo XVIII y principios del XIX en lo que se refiere a la centralización del poder, a las atribuciones del *akohosu* sobre la población y al significado social de las celebraciones rituales *Xwètanu*. Además, el problema más contundente en este tipo de bibliografía es que sigue repro-

[50] Véase M. Glelé, *Le Danxomé...*, *op. cit.*, p. 179. Discutiremos este punto en "Silencios performativos..." (pp. 131 y ss.).

[51] Véase M. Herskovits, *Dahomey, an ancient West African kingdom*, Nueva York, 1977 [1938].

[52] Véase A. Harneit-Sievers, "Introduction: new local historiographies...", *op. cit.*, p. 19.

duciendo en el imaginario —aunque con otra voluntad política— la idea de un continente en el cual el cambio histórico ingresa en la narrativa con la invasión europea.[53]

Sin embargo, sería un error suponer que la crítica al estatismo etnográfico estuvo ausente en las narrativas nacionalistas africanas sobre Dahomey. Lo llamativo es que el primer discurso que rompió desde África con esa idea no fue ni contemporáneo a las historiografías nacionalistas, ni se trató de una obra histórica en sentido convencional. Fue la novela *Doguicimi*, escrita por el etnólogo beninés Paul Hazoumé en 1931, el mismo año que Herskovits visitaba Dahomey, y publicada por la editorial francesa Larose en 1938.[54]

En esta novela los rituales reales —y entre ellos los sacrificios humanos— se enmarcan en una matriz particular, consecuente con las contingencias históricas.[55] En sus páginas los héroes de la corte se confrontan con personajes cotidianos y el espacio privado es un *locus* de registro etnográfico. En *Doguicimi* las "tradiciones" del siglo XIX se enmarcan en un proceso histórico, son contestadas y a veces rechazadas por parte de la población que "no siempre ama a sus reyes". De la misma manera, se "permite" a gobernantes como Ghezo la contradicción ideológica, la desobediencia a los ancestros y los discursos sobre la impotencia de su voluntad ante la omnipresencia de la tradición. Tal vez por eso y por otras razones esta novela no haya merecido nunca una recepción notoria en el canon de

[53] Me refiero fundamentalmente al texto de Basile Kossou, "La noción de poder en el área cultural adja-fon", *op. cit.*, *passim.*

[54] Véase P. Hazoumé, *Doguicimi*, Washington, Three Continent Press, 1990. Trad. al inglés de Richard Bjorson (1ª. ed. en francés, 1938). No abordaré aquí la pregunta recurrente sobre por qué la ficción africana nacionalista (principalmente la novela) pretende ser más "históricamente verosímil" que la propia historiografía africana de la época. Véase O. Oyeniyi, "Dramatizing postcoloniality...", *op. cit.* Tal vez no sólo se trate de que los historiadores estaban más "políticamente ligados" al estado, como suele afirmarse, sino también a un desplazamiento entre las expectativas que los historiadores africanos "debían" cumplir, y las urgencias políticas y epistemológicas que estaban en juego (como la "traducción" de la historia-ciencia a un idioma vernáculo).

[55] Véase *ibid.*, pp. 111 y ss.; Eleni Coundouriotis, *Claiming history. Colonialism, ethnography, and the novel*, Nueva York, Columbia University Press, 1999, p. 75.

la literatura africana: por no responder a los criterios de "autenticidad" literaria impuestos por Occidente, por ser un discurso demasiado temprano sobre la "acción estratégica" en un reino precolonial, por no mostrar al ángel del progreso encarnado en los nuevos héroes autóctonos (peor aún, la heroína es mujer y recuerda mucho a la Juana de Arco de Michelet), por confesar una posición pro-francesa y, sobre todo, por poner de manifiesto un discurso histórico para África con el cual nadie estaba familiarizado aún. Hazoumé desafía el sentido del "espacio anacrónico" africano, imputa la empresa de Herskovits que fue en ese mismo año de 1931 a buscar mediante la etnografía, al "antiguo reino africano" de un siglo atrás y lo que es peor, creyó encontrarlo. El único discurso "pseudohistórico" que a África le cabía en ese momento lo constituye la oposición caricaturesca entre tradición y modernidad, el "abismo insalvable"[56] entre Oriente y Occidente, oposiciones que Hazoumé también desafía.

¿Por qué hacer esta digresión sobre *Doguicimi* y un autor de la época colonial desterrado de los cánones tanto de la literatura como del pensamiento humanista de la negritud?[57] En primer lugar porque *Doguicimi*—más que cualquier obra histórica— quizás sea el texto que más se ajuste al concepto de reinscripción de Said al que aludíamos, posicionando una narrativa de resistencia cultural a partir de reclamos a la colonia. Hazoumé sostiene, a fines de la década de 1930, que la aculturación en África es irreversible y necesaria, dadas las condiciones

[56] Aludo a la expresión "chasm", de los antropólogos sudafricanos Jean y John Commaroff, *Ethnography and the historical imagination*, Boulder, Westerview, 1992, pp. 4-5.

[57] Además de haber sido miembro del *Institute d'Ethnologie* en París, Hazoumé presidió, con Senghor y Aouline Diop, el Congreso de Escritores y Artistas Negros en La Sorbona en 1956. Fue uno de los fundadores de la prestigiosa revista *Présence Africaine* y en su primer número, la discusión que sostiene con Senghor sobre el humanismo en África es una muestra clara de las preocupaciones de Hazoumé por no esencializar el pensamiento de la *négritude*. Véase Eleni Coundouriotis, *Claiming history...*, *op. cit.*, pp. 82-84 y R. Bjorson, "Introduction", en P. Hazoumé, *Doguicimi*, *op. cit.*, pp. II-XXII.

sociopolíticas del contexto internacional; sin embargo, reclama a Francia la dotación de poder real a los africanos: educación local, formación de recursos endógenos, búsqueda de una cultura política conciliatoria con Occidente, aunque en clave africana.[58]

Pero fundamentalmente traigo a colación a *Doguicimi* porque las políticas de la memoria también elidieron el destierro del autor y del texto en las narrativas históricas poscoloniales. Maurice Glelé, aunque cita en una sola ocasión a *Doguicimi* como fuente "admirable" de "descripción etnográfica", se apropia claramente de la tesis de Herskovits. En esta obra histórica que analicé, África es nuevamente el espacio de la temporalidad esquiva, del "presentismo" palpable; y aquí la omnipresencia de la tradición no es un problema sólo porque no reconozca el cambio histórico en la narrativa. El problema está en que la historia en sentido estricto se convierte en el cuño que "irrumpe" para aclarar, subvertir o reforzar los sentidos unánimes, metahistóricos e inexorables del único recorrido posible: el del estado nacional. A su vez, en *Dahomey and its neighbors*, de Akinjogbin, no es la historia la que explica el surgimiento de Dahomey, sino Dahomey el que abre el camino de la historia y marca su devenir lineal, claro y distinto entre el caos circundante. A partir del origen disruptivo del estado, la historia es puesta al servicio de su destino teleológico.[59] En las obras analizadas en este punto, la narrativa debe ser la que recalque no tanto las características mundanas del desenvolvimiento histórico, como la superioridad política del estado, su grandeza moral y sobre todo la "garantía del progreso",[60] lo cual "predice" a su vez la latencia subterránea y la culminación exitosa del "verdadero" sujeto de estas historias: el estado nacional independiente.

[58] Discuto el concepto de reinscripción en la Introducción. Véase también E. Coundouriotis, *Claiming history…*, *op. cit.*, pp. 106-109.

[59] Véase P. Duara, *Rescuing history from the nation*, *op. cit.*, pp. 26-27.

[60] Parafraseando el concepto de "historia sin garantía" de Saurabh Dube. Véase Saurabh Dube, *Genealogías del presente…*, *op. cit.*, pp. 22 y ss.

La barbarie redimida, la modernidad imaginada y la Historia corregida

> Treinta años atrás, no había europeos en Dahomey. Ninguno se había aventurado en el interior de la Corte del Salvaje conocido como rey Glelé. Los suyos fueron tiempos de guerra, sus mejores tropas eran miles de amazonas, mujeres más crueles y más belicosas que los hombres. Los prisioneros eran torturados, sus gargantas cortadas. Cuando el rey quería enviar un telegrama a su padre, un hombre era asesinado y su alma se despachaba con el mensaje. Las mujeres eran abiertas vivas, en estado de embarazo, para que el rey pudiera ver lo que había dentro. Los animales eran colgados en todas las posiciones agonizantes hasta morir, el empalamiento y el canibalismo eran comunes, y era imposible que alguien saliera de su choza sin ver alguna cosa horrorosa.
>
> ISABEL BURTON, Prólogo a *A Mission to Gelele*[61]

Un punto de desplazamientos imaginarios y conceptuales lo constituyó la tensión tácita que Dahomey representaba para la episteme europea del siglo XIX: un reino con una estructura burocrática consolidada, una economía centralizada y una política fiscal perfeccionada, todo lo cual coexistía con la "barbarie" de un ejército de mujeres —las amazonas—, y sobre todo, las festividades rituales periódicas en las cuales eran sacrificados "incontables" seres humanos. ¿Cómo restituir, a finales del optimista siglo XIX, la fisura que provoca en la historia ("de la civilización") esta imagen caricaturesca del tiempo (occidental)? ¿Cómo reinsertar en las décadas de 1960 y 1970 (igualmente optimistas, aunque con otros horizontes) una imagen de

[61] Éste es un fragmento del prólogo que la esposa de Richard Burton escribió en 1893 para la segunda edición del libro que su marido ya había publicado en 1864, *A Mission to Gelele*. Cabe recordar que el año en que este prólogo se escribió, Behanzin había sido derrotado, pero aún no capturado, y los franceses todavía no gobernaban Dahomey. El texto aparece en Edna Bay, *Wives of the lopard...*, *op. cit.*, p. 278.

África que la ubicara ante los espejos de la modernidad de los cuales había sido prolijamente borrada? En este apartado trataré de discutir algunos puntos sobre el imaginario proyectado acerca de Dahomey y el "horror" de los sacrificios humanos en algunos discursos como los de la prensa francesa decimonónica y su proyección en la idea "redentora" de la historia, para ver luego cómo esos discursos fueron abordados por la historiografía independentista.[62]

Edna Bay considera que las lecturas divergentes acerca del siglo XIX dahomeyano y el ascenso militarista del reino, el fraccionamiento interno de la política, o el supuesto cambio hacia un reino más militarizado, despótico y sanguinario cuando Ghezo murió, deben ser leídas como proyecciones del imaginario europeo en los relatos decimonónicos. También pueden verse como lecturas sesgadas, demasiado literales o discrecionales que hicieron de estos discursos algunas historiografías del siglo XX.[63] ¿Cuánto hay, en las miradas historiográficas divergentes del siglo XX, de proyecciones contemporáneas del imaginario histórico, y más aún, qué es lo que esta apropiación produce?

Es común encontrar historiadores que hablen de la crueldad que Glelé ejercía cuando llegó al poder (1859), a diferencia de la política más "civilizada" de los últimos años de Ghezo. Como ya dije, Luc García habla de la oposición aristócrata, militarista y esclavista de Glelé contra el "partido agrícola" y humanitarista que había representado Ghezo, más proclive a acomodarse a las políticas europeas. David Ross, aunque pare-

[62] No voy a detenerme en la extensa producción bibliográfica sobre los sacrificios humanos en África Occidental y en las profundas implicaciones epistemológicas que amerita abordar cualquier análisis sobre los relatos de viajeros "testigo" como Burton. Véase R. Burton, *A Mission to Gelele king of Dahome*, 2 vols., Londres, 1973 [1864]. Para una visión crítica que recupera los sentidos endógenos de las prácticas rituales véase R. Law, "'My head belongs to the king': on the political and ritual significance of decapitation in pre-colonial Dahomey", *Journal of African History*, 30, 1989; R. Law, "Human sacrifice in pre-colonial West Africa", *African Affairs*, vol. 84, núm. 334, 1985. Para un análisis muy sugerente desde la crítica literaria Véase E. Coundouriotis, *Claiming history...*, *op. cit.*, pp. 45 y ss.

[63] Edna Bay, *Wives...*, *op. cit.*, p. 278.

ce demostrar la utilización indiscriminada de modelos políticos y civilizatorios europeos para explicar el desarrollo de la vida política dahomeyana del siglo XIX, igualmente sostiene que Ghezo había logrado disminuir los sacrificios humanos a los ancestros reales gracias al contacto más directo con el Chacha portugués De Souza y con los europeos de la costa, lo que, según este historiador, Glelé habría revertido con una política acorde al "crudo militarismo innato" de Dahomey.[64] Robin Law, a pesar de concebir los sacrificios como parte inherente del ritual religioso y político de Dahomey, considera que durante la segunda mitad del siglo XIX aumentaron mucho los mismos en virtud del *ethos* "militarista" más marcado del reino. Según Law, Dahomey debió aumentar el número de sacrificios porque los esclavos obtenidos en las razzias no podían venderse fácilmente después de la disminución del comercio atlántico.[65]

Sin embargo, aparece la primera contradicción historiográfica al respecto. Suele decirse que Ghezo llegó al poder gracias a un golpe de estado. Algunos historiadores sostienen que este arrebato del poder se produjo porque el rey anterior había buscado minar el tráfico de esclavos y reducir los sacrificios. Por eso Ghezo se habría aliado con De Souza a partir de un pacto de sangre para restablecer el *ethos* dahomeyano. Según esta teoría, Ghezo incrementó los sacrificios y las razzias.[66] ¿Por qué historiadores que trabajan el periodo posterior sostienen lo contrario (esto es, que Ghezo "civilizó" el espacio político disminuyendo los sacrificios, etc.)? Si hay una apropiación selectiva de las fuentes, ésta tiene que ver con la desmesura con que el "pasado útil"[67] condicionó las narrativas contemporáneas. Más allá de la mayor o menor veracidad

[64] Véase D. Ross, "Mid-XIX century Dahomey: recent views vs. contemporary evidence", *op. cit.*

[65] Véase Robin Law, "An african response to abolition: Anglo-Dahomian negotiations on the ending of the slave trade, 1837-1877", *Slavery and Abolition*, 16, 3, 1995, p. 283.

[66] M. Glelé, *Le Danxomé*, *op. cit.*, p. 120.

[67] Utilizo el concepto "usable past" de Bogumil Jewsiewicki.

de los argumentos, la importancia está en lo que son capaces de revelar acerca de la construcción conjunta de la imagen de África, tanto por los viajeros, tratantes, administradores y periodistas del siglo XIX, como por los historiadores del siglo XX.

El primer problema radica en la lectura de las fuentes. ¿Cuáles son los repositorios en los que se basa cada una de las posiciones? Relatos de viajeros de las décadas de 1840 y 1850 (Forbes, Burton y Skertchly), y luego los informes de administradores y oficiales franceses de ultramar para las de 1880 y 1890. En los primeros casos se unen dos factores clave: primero, mientras las décadas de 1820 y 1830 podrían haber generado gran cantidad de sacrificios en las *Xwètanu* debido a las exitosas campañas contra Oyo, lo que siempre merecía la gratitud a los ancestros, en las de 1840 y 1850 no existieron campañas militares desempeñadas con éxito. Probablemente por esa razón en estos últimos años de reinado de Ghezo los sacrificios y las razzias de cautivos hayan sido menores, y en efecto, las fuentes europeas así lo reflejan. Pero además de esta posible realidad histórica, los viajeros europeos, y sobre todo los misioneros, tenían la necesidad de crear en Europa la idea de que la "empresa" civilizatoria de África estaba dando sus frutos, y probablemente distorsionaron los informes destinados a la metrópoli.

Pocos años más tarde, hacia 1870, los administradores relataban obsesionadamente, punto por punto, la crueldad de los sacrificios que el rey Glelé imponía. Sin duda, los sacrificios en honor al rey Ghezo después de su muerte habían sido importantes. Sin embargo, también se produjeron cambios en el imaginario europeo[68] que se proyectaron en los relatos sobre África: en primer lugar, el auge de la ideología eugenésica po-

[68] Utilizo esta expresión en un sentido genérico. Es claro que no existe algo como "el" imaginario europeo en ninguna época ni situación y que los discursos dentro de la Francia misma eran muy variables en el siglo XIX en cuanto a estas imágenes de África. De todas maneras, me interesa este diálogo establecido a grandes rasgos "entre metrópoli y colonia".

sitivista y del darwinismo social en su máxima expresión; por otro lado, la idea de progreso vinculada con la de matriz civilizatoria europea se plasmaba cada vez más claramente.[69] Por último, la justificación de la conquista imperialista necesitaba correlatos intelectuales, a la vez que receptores ávidos en una esfera pública que África no tenía y que había que proyectarla en Europa.[70] Esto evidencia que un cotejo comparativo de la "biblioteca" europea de esa época sirve más para enumerar contradicciones, posturas encontradas y proyecciones del imaginario europeo en África, que para sentar evidencias de procesos internos de cambio social. Las tradiciones orales, por su parte, no parecen indicar cambios sostenidos en las políticas de los últimos reyes de Dahomey. Sin embargo, la pluralidad de lecturas y la productividad que los debates en torno de los sacrificios humanos provocaron en la prensa europea merecen especial atención.

Se sabe que Dahomey ha sido el reino de todas las patologías para Europa. Con un ejército de mujeres, con algunas mujeres que tenían un poder político de decisión importante, era un estado que se sustentaba con el comercio de seres humanos y, por último, se alimentaba con la sangre de hombres, mujeres y niños sacrificados periódicamente. Muchos viajeros, exploradores y tratantes describieron con meticulosidad los diferentes momentos de las *Xwètanu* e hicieron un énfasis particular en el sacrificio de seres humanos. Sin embargo, será la prensa francesa de finales de siglo, fundamentalmente entre 1880 y 1895, la que exacerbe esta imagen hasta conver-

[69] El debate a este respecto se había abierto ya en el siglo XVIII, entre abolicionistas y antiabolicionistas. Los primeros destacaban la crueldad, el despotismo y el espíritu sanguinario de los africanos que esclavizaban a la gente capturada en razzias y las vendían en una empresa que la propia Europa incentivaba. Al contrario, los antiabolicionistas, como Robert Norris, enfatizaban la crueldad africana de los sacrificios humanos resaltando la benevolencia de la empresa europea que los compraba en la trata atlántica para impedir que fueran condenados a morir sacrificados. En este sentido véase R. Law, "Dahomey and the slave trade: reflections on the historiography of the rise of Dahomey", *Journal of African History*, 27, 1986.

[70] E. Bay, *Wives…*, *op. cit.*, p. 265.

tir a Dahomey en "el" reino africano de los sacrificios.[71] Algunos viajeros como Burton —más allá de lo que su esposa haya escrito en el prólogo de su libro treinta años después de la primera edición— trataron de enfatizar el carácter religioso de los sacrificios humanos, negando que hayan sido muestras de militarismo y despotismo exacerbado.[72] Pero los periodistas franceses sólo habrían usado para sus notas los argumentos que aportaban los informes de misioneros de las décadas de 1860 y 1870,[73] de tenor muy distinto.

De esta manera, la imagen de Dahomey en la prensa francesa, sobre todo en periódicos como *L'Illustration* o *Journal des Voyages et des Aventures de Terre et e Mer*, se presentaba como una forma de proyectar los horrores del espacio incivilizado y como una manera indirecta para enfatizar la tarea civilizatoria que le tocaría "inevitablemente" a Europa. Esta tarea estaba "respaldada" por la experiencia del protectorado francés que existía en Porto Novo desde la década de 1870, el cual se había convertido, según estos textos, en un reducto "mucho más civilizado" que Dahomey.

A la vez, estas imágenes son más que eso. El hecho de que en África se sucedieran los sacrificios humanos a fines del siglo XIX —el siglo de la fe en la ciencia positiva, en la posibilidad de registrar toda la experiencia política a partir de la historia y en el progreso indefinido— es algo que irrumpe en la historia de Europa como fantasma anacrónico, vivido y superado, insostenible:

> En efecto, ¿No nos parece un mal sueño que a pocas horas de camino de Cotonou, donde tenemos una residencia, una guarnición militar,

[71] Véase Véronique Campion Vincent, "L'image du Dahomey dans la presse française (1890-1895): Les sacrifices humains", *Cahiers d'Études Africaines*, 7, 25, 1967.

[72] Aunque David Ross es contrario a esta postura, debemos atender a lo que Edna Bay afirma: que las prácticas religiosas incluían la honra a los ancestros y que la mayoría de las religiones, empezando por la judeo-cristiana, practicaban la antropofagia ritual. Véase Edna Bay, *Wives of the leopard…*, *op. cit.*, p. 268.

[73] Para una descripción detallada de estos textos véase V. Campion Vincent, "L'image du Dahomey dans la presse française…", *op. cit.*, p. 41.

una oficina de correo y un telégrafo, se cometan, en diferentes momentos del año y bajo pretexto de divertimento público, de solemnidad, asesinatos y masacres de criaturas humanas en los cuales las víctimas se cuentan por miles? [...] ¡En 1890! Pareciera que estamos soñando. (*Journal des Voyages et des Aventures de Terre et e Mer*, 20 de julio 1890.)[74]

Lo insostenible para Europa era la complicidad histórica de esa "barbarie"; África debía llevarse, al menos en la esfera de la representación, al *espacio anacrónico*,[75] uno que no fisurara la Historia que después de Hegel se había mundanizado y había impreso en un Destino el único trayecto posible, secular y capitalista. Los sacrificios, como sostenía Bataille, representaban la barbarie, pero también el derroche. El nativo no sólo se inventa como el salvaje, sino que se le atribuye el desperdicio de los recursos eficientes del capitalismo: los hombres en la decapitación y el tiempo en el ritual.[76] En esa imagen desmesurada de los "incontables" sacrificios, los dahomeyanos transgreden el espíritu de acumulación. Así, África era el escenario patológico de la Historia violada: el telégrafo coexistía con la plataforma sacrificial, universo sólo posible en el mundo onírico en el cual Clío no tiene compromisos por cumplir. Pero en el mundo real, había que salvar el hiato, restituirle la "garantía" teleológica a la Historia —o, lo que es igual, desplazar las posibilidades alternativas de existir en el tiempo. La herramienta eficaz, de más está decirlo, era la colonización.

Pero la imagen que se proyectaba en Francia sobre los sacrificios en Dahomey —un reino que no llegaba al mundo de la "razón pública", sino por medio de la prensa, a un entorno que no tenía más referencia de África que ésa—, volvía a la metrópoli con un destino menos "altruista" que el de "civilizar" a los nativos: sostenía, a la vez, una crítica a la situación social de la Francia del siglo XIX.

[74] Cit. en *ibid.*, p. 46.

[75] Este concepto responde a la representación de África como lo que Johannes Fabian llamó "la negación de la coetaneidad" ("the denial of coevalness"). Véase J. Fabien, *Time and the Other. How Anthropology Makes its Object*, Nueva York, 1983, cap. 1.

[76] Cit. en E. Coundouriotis, *Claiming history...*, *op. cit.*, pp. 64-66.

> El rey de Dahomey estaría perfectamente capacitado para venir aquí y abolir los sacrificios humanos, puesto que éstos son infinitamente más numerosos y atroces que en su reino [...] Durante la Semaine Sanglante un sacrificador de nombre Galliffet hizo parar a 300 o 400 parisinos al borde de una fosa inmensa, a la cual los hizo arrojarse mediante disparos de ametralladora [...] *L'Intransigeant*, 4 de noviembre de 1892.

El fantasma más cercano, el de la Comuna de París, aún estaba presente. Me detengo aquí porque es interesante rescatar que los discursos "coloniales" no son unidireccionales en todos los casos, ni monolíticos. Los sacrificios humanos también recuerdan, en el París de 1890, lo que la Historia-Destino se empeñaba en borrar de su propio palimpsesto: que esas imágenes (que definitivamente no eran oníricas, sino reales, secularizadas y capitalistas) le pertenecían también a la historia de la matriz civilizadora. Así, la representación de África es manipulada para transformar una situación metropolitana, para hacer emerger en el "centro" la huella de los horrores locales que la Historia Universal debía borrar(se). Es necesario profundizar esa dialéctica de los discursos en las historias de la colonia. La misma comienza a echar luz sobre una relación que ha quedado demasiado monolíticamente expresada en las historiografías y que por ello mismo no deja ver, como en el caso de Dahomey, las razones sociales de los argumentos contradictorios, las explicaciones contextuales de los discursos circulantes y la apropiación contingente de esos discursos.[77]

Desde mi lectura, el texto de Campion Vincent, del cual extraje estos documentos, escrito en los momentos de "efervescencia" de los nacionalismos africanos, si bien da una idea

[77] Una corriente teórica estudia estas "tensiones" imperiales tratando de poner énfasis en hacer etnografías también de los colonizadores (y no sólo de los colonizados), y ver cuánto hay de proyección africana o asiática en las metrópolis (y no sólo a la inversa). Véase Ann Laura Stoler y Frederick Cooper, "Between metropole and colony: rethinking a research agenda", en F. Cooper y A. Stoler (eds.), *Tensions of Empire: colonial cultures in a bourgeois world*, Berkeley, University of California Press, 1997.

clara de la proyección de los imaginarios, deja por sentado que algunos textos revelan "la realidad" del pasado africano (Burton y Herskovits), mientras otros (los periodísticos) la distorsionan. Más allá del problema epistemológico que esto implica —que no será abordado aquí—, la autora deja sin explorar un punto que me parece importantísimo para comprender la "función" de estas imágenes de la prensa europea, y son las ideas de esfera pública y de sociedad civil, que se conecta tangencialmente con algunas de las premisas que afloran en los textos académicos historiográficos de la década de 1970.

Quiénes eran los receptores de esos periódicos decimonónicos y por qué había que subrayar allí, en ese soporte, tales ideas sobre África, es un punto nodal. En su autoimagen finisecular, Europa tenía (además de la matriz civilizadora) otra cosa de la que África "adolecía": una opinión pública que debía juzgar desde el espacio privado de la lectura lo que se cometía en África, lo que había sucedido en París. Por eso son obviados en esas notas los relatos de viajeros que hablaban para la corona, o los que registraban etnografías explorando un sentido antropológico europeo; y no sólo, como parece pensar Vincent, por un espíritu amarillista y malicioso del periodismo.

En África, en 1890, pareciera no existir para ningún viajero, periodista o tratante, algo similar a una sociedad civil o política, pero la narrativa poscolonial abrirá un debate clave en este punto. En estos discursos se proyecta un espejo que es necesario voltear hacia Europa como sujeto teórico: ¿Sólo Europa podía evaluar desde la opinión pública el sentido africano? ¿Era África "menor de edad" en el florecimiento de una sociedad cosmopolita al estilo kantiano? Había que demostrar que Dahomey no había nacido sólo como estado absoluto para así perpetuarse. La evolución hacia la división de poderes, hacia la universalización del sujeto político, también había sido parte de la experiencia social africana.

La proyección es clara en un texto en particular que habla de Dahomey: "Fly and Elephant Parties", de John Yoder. Si bien los trabajos citados de Ross, Law y Edna Bay, desde perspectivas diferentes, combaten las ideas del texto de Yoder acerca de la polarización política en el Dahomey del siglo XIX, adolecen de dos problemas desde mi lectura. En primer lugar, ninguno de ellos analiza la "productividad" del texto de Yoder en su contexto, qué elementos performativos[78] proyecta el texto acerca del imaginario político africano. En segundo lugar, creo que los historiadores antes citados soslayan la tesis central del autor. La existencia de dos partidos políticos con las ideologías opuestas que ya analicé es una excusa analítica para lo que me parece que a Yoder le preocupa verdaderamente: mostrar que en el Dahomey anterior a la colonización existía una sociedad política consolidada, con partidos políticos cohesionados y con una organización institucional que dividía poderes y facultades. Este punto del análisis de Yoder (más que la existencia real de una dicotomía entre Elefantes y Mosquitos) me parece central en el momento en que se escribe el artículo, 1974.

Para Yoder, las *Xwètanu* no eran principalmente momentos de "corte" para celebrar a los ancestros o para evidenciar las riquezas del reino y el funcionamiento de su economía redistributiva ante el público venido de todas partes, como la casi totalidad de la bibliografía revisada hasta el momento lo argumenta. Para el historiador se trataba de la reunión del Gran Consejo Parlamentario para discutir en pleno las políticas del estado.[79] Este Gran Consejo habría estado compuesto

[78] En el sentido de "efectos sociales" y consecuencias políticas.

[79] Véase J. Yoder, "Fly and Elephant parties...", *op. cit.*, p. 418. Yoder describe las procesiones o desfiles en los que el Gran Consejo pasaba enfrente de la multitud, en forma ordenada, primero los ministros del rey, luego los militares de más alto rango, más tarde los sirvientes personales del rey, luego los comerciantes más ricos y los *creoles* más poderosos. Esto es interesante porque refleja la jerarquía en la cual se mostraba el reino. Sin embargo, Yoder dice basarse en los apéndices documentales A y B del texto de F. Forbes, *Dahomey and the Dahomans*, de 1851. Sin embargo, como apunta Ross, en esos apéndices no hay mención alguna sobre un "Gran Con-

por los diferentes ministros (de defensa, *Migan*, de armada, *Meu*, de asuntos interiores, de agricultura, *tokpan*, etc.). Yoder describe lo que él llama las "sesiones legislativas" del Gran Consejo, en las cuales el rey tenía presencia y voto particular, pero en absoluto la decisión personal de las políticas del reino.[80] Las disputas eran deliberadas en un sentido análogo al de la monarquía parlamentaria europea, en un clima político dinámico y flexible en el cual estaban representados todos los "estamentos" del reino (militares, jefes provinciales, ministros, grandes comerciantes, etc.). Lo que a Yoder le interesa demostrar, mucho más que la dinámica entre el partido "agrícola" y el "esclavista", es que la monarquía africana no era despótica ni militarista, sino parlamentaria; que las instituciones políticas estaban organizadas en forma compleja y desagregada; y que los cambios económicos y militares que se sucedían en el reino respondían a discusiones y competencias políticas deliberadas democráticamente.

La proyección del campo político eurocéntrico no podría ser mayor. Sin embargo, el texto tiene una importancia capital en el imaginario histórico sobre África: trata de instaurar una idea de modernidad política en el espacio africano, una *modernidad endógena.*[81] El texto de Yoder ataca las acusaciones decimonónicas sobre Dahomey con un argumento claro: posicionar en el Tiempo Histórico anterior a la colonia la idea de una gestación interna de la sociedad civil y política, previa a la europea, aunque con idénticas características. No me interesa aquí remarcar los "errores" o la "manipulación" de Yoder en la lectura de las fuentes, lo que ya hace David

---

sejo Parlamentario" o algo por el estilo. Véase D. Ross, "European models and West African history", *op. cit.*, p. 299.

[80] Véase *ibid.*, p. 422.

[81] Recalco los dos términos como tensión conceptual: modernidad colonial apropiada, pero encastrada en las prácticas políticas locales. Tal vez esta tensión era parte de la advertencia en el momento de escritura del texto, cuando en Benin se acababa de instalar el gobierno autocrático de Mathieu Kerekou (1972) después de doce golpes de estado en nueve años.

Ross,[82] sino más bien poner énfasis en su operación historiográfica.

Yoder pretende enfatizar la fuerza política interna de África, la vitalidad de las instituciones endógenas, el origen local del campo político diferenciado. La "modernidad" y su narración garante, la historia, produjeron estas persistencias del *telos universal*, incluso en las narrativas que pretendían desafiar la experiencia europea como global.[83] Pero el problema no se agota diciendo que en gran parte de las historiografías nacionalistas hay esta influencia de una lectura de Weber tendiente a encontrar los elementos de racionalidad administrativa del estado y los conatos de sociedad civil y esfera pública.[84] Más aún, las proyecciones de textos como los de Yoder uniforman los rituales en el lenguaje del estado y secularizan la experiencia política africana. Al hacerlo, impiden ver cómo después las ceremonias de redistribución fueron los engranajes desde los cuales se impuso la economía monetaria a la vez que se resistió a la carga impositiva colonial; cómo los sentidos religiosos de las *Xwètanu* se readaptaron en las jefaturas como parte de un lenguaje de resistencia que tenía que ver poco con la monarquía o con el reconocimiento de un parlamento, y más con la definición social y contingente de la experiencia subalterna.

Esas proyecciones también están presentes en algunos pasajes de los textos de Dov Ronen[85] o en los del historiador beninés Luc García.[86] Las dicotomías de la política del reino en-

[82] Véase D. Ross, "European models and West African history...", *op. cit.* El problema es que Ross no analiza los posibles sentidos, sociales y epistemológicos, de esos "errores".

[83] Además, estas narrativas desmesuradas, proyecciones grotescas de la experiencia africana en el pasado, no son sólo parte de una urgencia epistemológica improvisada. Como expresa Jewsiewicki, reflejan tanto la marginación de las sociedades civiles y la atrofia de las sociedades políticas [contemporáneas], como la fragilidad actual del estado nacional. B. Jewsiewicki, "Introduction: one historiography or several?...", *op. cit.*, p. 15.

[84] Véase P. Duara, *Rescuing history from the nation...*, *op. cit.*, p. 26.

[85] D. Ronen, *Dahomey between...*, *op. cit.*

[86] Luc García, "Archives et tradition orale", *op. cit.*

tre una "tradicional" vinculada con el militarismo y la religión y otra "progresista" vinculada con la agroindustria y la alianza con las potencias europeas muestra cómo el imaginario eurocentrado ha colonizado también algunas narrativas que se posicionaban como alternativas.[87] García, por otra parte, adjudica a los conflictos internos, más que a la intervención europea, el desvanecimiento de Dahomey hacia finales del siglo XIX. Eso es compartido por toda la historiografía renovadora. El problema es que García define esos conflictos internos en términos de una división maniquea de los dos grupos más poderosos: una "aristocracia guerrera tradicional", y un nuevo grupo surgido en su seno, la "burguesía mercantil". Este argumento, además de ser demasiado esquemático como Edna Bay nos ha demostrado, utiliza las mismas categorías que los análisis materialistas clásicos para analizar la erosión de los estados europeos modernos.[88]

Sin embargo, las categorías son una retórica de negociación recurrente. La apropiación del discurso del materialismo histórico que hace Maurice Glelé en su estudio es parte de esta operación. En su análisis de la estratificación social de Dahomey, Glelé especifica la existencia de tres clases sociales en una especie de "constante etnográfica".[89] Para Glelé los *ahovi* o *ainonvi*, hijos descendientes del rey —único propietario de la tierra y el suelo—, distinguidos por un tatuaje en su cuerpo, se diferenciaban de los *anato*, gente que no tenía sangre real, los *danxomenù* en sentido estricto, inalienables como la tierra, invendibles en esclavitud, unidos por "un sentimiento de nacionalidad dahomeyana y un sentimiento profundo de solidaridad y pertenencia".[90] En el final de esta jerarquía se

[87] D. Ronen, *Dahomey between...*, *op. cit.*, p. 8; Luc García, "Archives et tradition orale", *op. cit.*, p 197.

[88] Perry Anderson, *El estado absolutista*, Madrid, Siglo XXI Editores, 1986 [1974].

[89] Me refiero a que las "clases" aparecen como "dadas" en una plataforma de encuentro clasificatorio, sin explicación alguna sobre procesos históricos de conformación, enfrentamiento o configuración de la experiencia de clase en sentido thompsoniano.

[90] Véase M. Glelé, *Le Danxomé...*, *op. cit.*, p. 156.

encontraban los *kannùmon* o esclavos, que podían ser vendidos al comercio atlántico según Glelé, o recibir la suerte de ser sacrificados a los ancestros, de acuerdo con la orden del rey. Su alineación descansaba en que no eran "propietarios" del sentido de fraternidad comunitaria.

Lo que define la clase en la narrativa de Glelé es el acceso (objetivamente) diferenciado al sentido esencial de *pertenencia* a la nación; y dentro de ella, el grado (estamentalmente) diferenciado de acceso a la *voluntad* del único propietario de los medios de producción, el rey. La apropiación del discurso materialista tiene dos connotaciones en estos pasajes de Glelé: por un lado y acorde con las reivindicaciones culturales de la época, remarcar la noción de un reino socialmente organizado según una jerarquía —que Glelé identifica con la clase. Por otro lado, la unidad de la clase fundada en la pertenencia nacional excluye cualquier posibilidad de identificar a Dahomey con un estado que explota a sus súbditos. En este discurso los *kannumon*, regalados a los europeos o vendidos en el peor de los casos, al fin y al cabo, eran extranjeros, una especie de "clase temporal", excluida del espíritu solidario. Por eso mismo, en la historia de *Le Danxomé*, hay un lugar claro reservado a la retórica revolucionaria, un lugar eminentemente estatal y paternalista en el que las revoluciones siempre son políticas, se dan dentro de la élite gobernante, y su *leit motiv* es desplazar a cualquier elemento —como un rey despiadado por ejemplo—[91] que se interponga al movimiento previsto del "sentido" nacional; y su racionalidad sólo puede ser desplegada en el cuerpo disciplinar de la historia.

El problema no es el uso de esas categorías, sino la resignificación (y proyección) de una idea particular de trayectoria histórica a todas las experiencias humanas. Al hacerlo, también se posiciona una cultura particular de la "resistencia"

[91] Véase la idea de revolución del palacio durante el reino de Adandozan. Véase *ibid.*, pp. 124-125.

anticolonial. Edward Said sostenía que cualquier análisis sobre la resistencia cultural al imperialismo debía tener en cuenta la disparidad en las relaciones concretas de poder y sobre todo, de poder político.[92] La reinscripción a la que aludíamos antes está presente en los trabajos de Yoder, Glelé o Akinjogbin. El lenguaje del imperio es reinsertado en una narrativa local como una forma de contranarrativa, de contrahegemonía. Pero allí mismo reside el sentido *trágico* al que Said se refería,[93] porque a la vez que estos contradiscursos fisuran la aparente coherencia del "centro", impiden la gestación de un andamiaje conceptual alternativo que permita insertar una noción diferente no sólo de la experiencia temporal, sino también de la sociología del conocimiento.[94]

HÉROES CONSTITUCIONALISTAS Y LIBERTADORES, HÉROES INCOMPRENDIDOS

La exploración de la construcción de los héroes nacionales en el discurso histórico no es un punto novedoso ni necesita explicitación alguna de su razón de inclusión en un trabajo

[92] Véase E. Said, *Culture and Imperialism, op. cit.*, pp. 210 y ss.

[93] *Ibid.*, p. 216. Véase E. Coundouriotis, *Claiming history, op. cit.*, p. 95.

[94] Este último impedimento es perpetuado por García al considerar a la tradición oral como un repositorio importante, siempre y cuando sea complementario a los documentos escritos. Para García, los archivos escritos constituyen la "espina dorsal" del conocimiento histórico africano, dado el carácter escurridizo y evasivo de las tradiciones orales. De más está decir que los trabajos más ricos y laboriosamente pensados sobre Dahomey son los que consideran a los archivos orales como punto central de análisis (ya sean tradiciones centrales al reino o periféricas geográficamente hablando, o las que toman en cuenta las narrativas femeninas e incluso de esclavos). Pienso principalmente en tres textos: Edna Bay, *Wives of the leopard, op. cit.*; Patrick Manning, *Slavery, colonialism and economic growth*, y P. Morton Williams, "A yoruba woman remembers servitude in a palace of Dahomey, in the reigns of kings Glelé and Behanzin", *África*, 63, 1, 1993. El problema de la concepción "utilitarista" de las tradiciones orales —según la cual éstas se emplean para "llenar los vacíos" de los documentos escritos— es que se sigue pensando en términos de una noción europea de imaginación histórica, de conciencia temporal, y de circulación y producción del conocimiento.

sobre las narrativas nacionalistas. Sin embargo, hay algunos elementos que me interesa aclarar. En primer lugar, los héroes nacionales suelen estar representados en el espacio de la historia como aquellos que rescatan a la nación de su camino errático y la encauzan —mediante la liberación, la independencia o la revolución— en el *telos* prístino; en segundo lugar, estos héroes —personajes de cierto "protagonismo" histórico y a veces de extracción social popular con una "trayectoria heroica" posterior—,[95] ocupan —o se les construye esa ocupación— un lugar destacado en la "emergencia" del espíritu del tiempo nacional, en el proceso de liberación o de independencia en el caso de los héroes africanos.[96] Sin embargo, el problema de estos esquemas discursivos de construcción figurativa —el héroe nacional como modelo imitativo— es que, por lo general, no toman en cuenta los procesos contradictorios de construcción heroica y las relaciones de poder y figuras contingentes que se ponen en juego en estos "héroes en pugna". Un resultado diferente se obtendrá si se examinan, por ejemplo, los manuales escolares de historia o los programas de educación estatal, en los cuales la construcción de modelos es explícitamente situada en un mandato pedagógico más transparente. En cambio el discurso histórico académico, además de tener que mostrar ciertas "reglas de operación" con el conocimiento, implica otras relaciones de poder en su legitimación.

En cuanto al Dahomey colonial, la construcción de figuras heroicas no fue tan predecible ni tan convencional. Como,

[95] Para este punto y sobre un estudio modélico de la construcción de los héroes nacionales en el discurso histórico, puede verse Danuta Teresa Mozejko de Costa, "La construcción de los héroes nacionales", *Estudios*, núm. 6, Córdoba, Centro de Estudios Avanzados, Universidad Nacional de Córdoba, 1996.

[96] No exploraremos con detenimiento este punto, que ha sido tratado de sobra en algunos textos sobre los procesos de liberación e independencia en países como Kenia y Tanzania, en los cuales ciertos movimientos de lucha independentista fueron el "botín" disputado por los discursos divergentes que han hecho uso político del pasado. Para citar sólo un ejemplo, véase Richard Roberts, "History and memory: the power of statist narratives", *International Journal of African Historical Studies*, vol. 33, núm. 3, 2000, pp. 513-522.

sin embargo, en muchas otras partes la independencia política resultó de un proceso acordado con Francia por el cual los líderes de los tres partidos políticos desarrollados en la última fase del gobierno colonial, negociaron el "botín" de su clientela, y la presidencia recayó sobre Hubert Maga, un fon de conocida trayectoria como profesor durante la administración francesa. Más allá de la accidentada trayectoria presidencial de Maga y de la inauguración en 1963 de un periodo de doce golpes de estado hasta la consolidación de Mathieu Kerekou en 1972 en la nueva fase de autoritarismos contemporáneos, lo cierto es que Dahomey no fue "rescatado" del camino equívoco por ningún movimiento que encarnara los intereses unívocos del sujeto nacional o por uno que pretendiera encarnarlos —aunque tal vez se podría discutir la posterior autodefinición de Kerekou. Tampoco existió realmente en esos años una figura con potencial político a quien pudiera atribuirse el rol amalgamador del espacio dahomeyano. La necesidad imperiosa estaba planteada *per se*: no sólo era necesario construir en el pasado el proceso de emergencia de los "verdaderos" sujetos nacionales, de las voluntades individuales que fueron profetas de un destino previsto, sino que también había que situar el momento de irrupción de la nación dahomeyana en la historia, el momento en el cual ese destino "re-emergido" en la era poscolonial se hizo manifiesto en el tiempo de los hechos y de los hombres.

En este acápite no sólo trato de "registrar" en la narrativa histórica cuáles son los héroes nacionales prefigurados de Dahomey en su pasado histórico, sino de analizar cómo se yuxtaponen figuras heroicas contingentes con el tema rector del nacimiento teleológico de Dahomey; cómo estas figuras no son unívocas en una historiografía que negocia los significados sociales de su temporalidad.

En la obra de I. Akinjogbin, lo que más claro aparece es "lo que merece" el objeto de un estudio histórico detallado, para "revelar" el espíritu de Dahomey como sujeto de la historia: su "emergencia" política, como vimos, en los siglos XVII y XVIII. En este episodio, es el rey Agaja quien encarna el espíritu heroico del estado nacional. En primer lugar porque es el personaje que subordina sus intereses privados a las necesidades públicas de la nación, "revela" el peligro existente con la intromisión de la trata esclavista, aún ante el evidente "corte revolucionario" que esa revelación implicaba,[97] al negar los cauces que iba tomando la economía de Dahomey, pero a la vez, al "reinstaurar" una axiología perdida de la matriz cultural aja-fon. En *Dahomey and its neighbours*, Agaja aparece como un rey magnánimo, con unas capacidades intelectuales de estadista y administrador que no tenía Huffon, su contrincante derrotado en Whydah en 1724. Comparable con Molière y Don Quijote en su figura y complexión, Agaja es proclive a la lectura y la escritura —y capaz de esparcirlas a todo el reino—, al aprendizaje no sólo del manejo, sino de la confección de armas de fuego y a una generosidad sin precedentes para con su pueblo, además de reunir una fuerza impredecible para destituir el viejo sistema político aja y frenar el comercio de esclavos.[98] Por ahora dejemos a un lado los hechos de la evidente utilización de esclavos de guerra por parte de Agaja para llevar a cabo la "conquista" de todo el territorio aja; o la aparición de Dahomey y de Agaja en particular, en algunos registros orales de la zona, como un pueblo predatorio en medio del territorio aja-ewe, que lejos de pretender "inculcar" en la población la necesidad de una organización estatal monárquica y centralizada, combinó las estrategias de negociación con los jefes locales y la coerción militarizada para obtener control territorial desde Abomey hasta el mar.[99] Lo que me interesa más bien es mostrar la forma como Akinjogbin registra en su obra un elemento clave: los reyes de Dahomey,

[97] Véase I. A. Akinjogbin, *Dahomey and its neighbours*, *op. cit.*, pp. 62, 63, 70, 79.

[98] *Ibid.*, pp. 108-109.

[99] Véase Robin Law, *The west slave coast…*, *op. cit.*; Edna Bay, *Wives of the leopard*, *op. cit.*, p. 307.

desde el primero en la dinastía, Wegbaja, han sido ante todo "líderes políticos excepcionalmente dotados",[100] estadistas como Agaja, proclives a la urbanización y de maneras refinadas como Tegbesu, tácticos como Agonglo, y "progresistas" como Adandonzan.[101] En 1818, con la deposición de Adandozan, se corta su lista de estadistas y su marco temporal. Esto podría tomarse como un dato aleatorio de definición investigativa si no fuera por dos elementos clave: Adandozan, que aparece como el rey "progresista e incomprendido" en el relato de Akinjogbin, es el antihéroe alcohólico, violento, sanguinario e inepto en otras historiografías de la época como la obra monumental de Maurice Glelé.[102] Por otro lado, Ghezo, el sucesor de Adandozan, es el héroe nacional por excelencia en el resto de los relatos históricos de la independencia.[103]

¿A qué se debe esta diferencia de argumento? Probablemente a la necesidad de Akinjogbin de posicionar el origen "antiesclavista" del estado y su adopción del "mal menor" para salvarlo de la anarquía total. Ghezo, el rey que inaugura el espíritu del siglo XIX de Dahomey, no pertenece a la coyuntura de ese "origen prístino" del estado, de su destino remarcado desde el exilio de Dogbari Genu hacia Abomey. Ghezo es parte de la coyuntura proclive a la inserción internacional de Dahomey, a revertir cualquier elemento que le impidiera un lugar destacado en el comercio atlántico. En fin, Ghezo se presenta discursivamente como el rey "modernizador", pero en el cual, sin embargo, la endogeneidad de su política africana se entremezcla problemáticamente con su relación estrecha con franceses, portugueses e ingleses. Analizaré detenidamente esta figura emblemática en la historiografía.

[100] Véase I. Akinjogbin, *Dahomey and its neighbours…*, *op. cit.*, p. 207.

[101] *Ibid.*, pp. 207-208.

[102] Maurice Glelé, *Le Danxomé*, *op. cit.*, p. 117.

[103] Incluso es el modernizador y la "bisagra cultural" reconocida en los boletines oficiales que el gobierno francés publicó meses antes de la independencia de Dahomey. Véase "Dahomey a la hora de la independencia", Embajada de Francia en México, 1960.

Dahomey pasaba por una coyuntura crítica en el siglo XIX: la subordinación impositiva a Oyo y las tensiones militares que eso generaba se sumaban a la creciente caída del comercio esclavista, a las presiones externas —sobre todo inglesas— por abolir ese comercio, a las presiones internas que suscitaba la entrada cada vez menor de *cawries*, y a los altos costos de la importación de armas, tabaco y productos de lujo. Entre 1797 y 1818 reinó Adandozan, un personaje difícil de caracterizar dadas las contradicciones en las fuentes, que sostienen por momentos que tuvo relaciones conflictivas con el pueblo y con los comerciantes europeos, y poco margen de resolución de estos problemas. Ghezo fue el rey dahomeyano que sucedió a Adandozan, y reinó entre 1818 y 1852. Él será quien tenga que tomar las riendas de un estado en transiciones múltiples.

En las fuentes del siglo XIX, este rey aparece como el "renovador", quien logra la mayor fuerza militar con su ejército de amazonas, y el representante político que pacta y negocia con las diferentes fuerzas europeas que interactuaban en la costa en ese momento.[104] Para los análisis históricos de la colonia, Ghezo parece representar el político que "prepara" el terreno para una auténtica "modernización del estado", modernización que sin embargo, sólo se haría posible con la administración colonial.[105] Pero los historiadores que más han escrito e insistido sobre Ghezo como figura paradigmática para

[104] Las historiografías sobre Dahomey nunca dejan de mencionar la importancia de Ghezo. Este rey es quien, además de tener una relación particular con Felix de Souza, recibe las sucesivas misiones francesas de Auguste Bouët, y quien permita la instalación de la Casa Régis en 1841, entre otras cosas. Entre las fuentes del siglo XIX que rescatan los logros de reinado de Ghezo se encuentran F. Forbes, *Dahomey and the Dahomans*, Londres, 1851, y R. Burton, *A Mission to Glele, king of the Dahome*, Londres, 1864. Si bien Forbes pasa por Whydah en los momentos finales del reinado de Ghezo (y la disputa sucesoria) y Burton va específicamente a una misión con el rey Glelé, ambos recogen las nociones de los habitantes y de los políticos acerca de la importancia de Ghezo como innovador de Dahomey.

[105] Son interesantes las expresiones del antropólogo colonial en Le Herisse, *L'Ancien royaume de Dahomey*, París, Larose, 1911, cit. en Edna Bay, *Wives…*, *op. cit.*, p. 3, también R. Cornevin, *Histoire du Dahomey*, *op. cit.*, París, 1962.

comprender a Dahomey son, probablemente, los historiadores africanos de la época independentista.[106] Entre este grupo de historiadores, Ghezo es también el político que cristaliza un sentido de la "nación" fon, el que reúne las cualidades de un líder político necesario en un momento de transición, quien logra una estructura militarizada ya no de un reino, sino de un estado moderno que necesita reorganizar el "monopolio de la violencia legítima". Además, esta historiografía ve a Ghezo como la figura política que logra hacer de la economía de Dahomey un campo dinámico, traspasando con éxito el cuello de botella que implicó el fin de la trata esclavista y la imposición de una economía agrícola con el aceite de palma como el principal producto de exportación —dinamismo que, había que remarcarlo en la narrativa, se había logrado *antes* de la anexión francesa en 1894. Ghezo también aparece como el gran "libertador" de Dahomey que durante su reinado logra separarse de la tutela y subordinación impositiva al imperio de Oyo.[107]

Para Adrien Djivo el Dahomey de Ghezo no es sólo un estado moderno por la desagregación de su estructura burocrática y administrativa; lo es, además, por la voluntad secularizadora del rey. "[Ghezo] era un hombre afable, de maneras dignas. Realista, sabía conciliar, si era necesario, las obligaciones de la tradición con las exigencias de la política. Ni las órdenes de los ancestros ni los oráculos de Fa eran para él más fuertes que el estado".[108] Es importante que remarquemos aquí,

[106] Para citar los casos que trabajaremos detenidamente, véase A. Djivo, *Guezo: la rénovation du Dahomey, op. cit.*; A. Adeyinka, "King Ghezo of Dahomey, 1818-1858...", *op. cit.*

[107] Está muy bien documentado que cuando Dahomey exigió la culminación de la subordinación impositiva lo hizo porque Oyo estaba sumamente debilitado políticamente y amenazado por los fulani islamizados del norte. Oyo no estaba en condiciones de exigir ni de sostener una guerra. Véase Edna Bay, *Wives of the leopard...*, *op. cit.*, p. 184.

[108] El texto continúa: "Ésta es la razón por la cual, contra la desaprobación general de los muertos y de los príncipes, él emprende la primera guerra contra Hounjroto en 1822". Véase A. Djivo, *Guezo: la renovation...*, *op. cit.*, pp. 60-61.

por un lado, la evidente operación epistemológica de escisión entre la tradición —dogmática, exhortativa— y la política —racional, deliberativa—; por otro lado, resalta la idea implícita de una *raison d'état*, voluntad en sí misma, vector accionante de la política dahomeyana. De esta manera, Djivo no sólo borra la heteronimia de los campos político y religioso en la cultura política africana, sino que posiciona a Ghezo como el agente histórico capaz de romper con esa "tradición", y a Dahomey como el sujeto de la historia que inaugura la "modernidad política" en África Occidental. Ésta es una diferencia clave entre Akinjogbin y Djivo: en este último no hay ninguna ruptura anacrónica de sujetos originarios en el tiempo de la tradición, fue el rey Ghezo quien logró poner a Dahomey en el vector de la modernidad.

Probablemente Augustus Adeyinka[109] sea quien más claramente exprese esta voluntad de ver a Ghezo como el modernizador del estado dahomeyano, africano y precolonial. Tomaré un momento su texto como fuente. Adeyinka, discípulo de la escuela historiográfica nigeriana de Ibadan,[110] considera que Ghezo fue quien hizo posible una efectiva "declaración de independencia" del reino, posicionándolo políticamente para ser reconocido entre los poderes coetáneos de la zona. En su opinión, fue "[...] un hombre de estado, un guerrero, un administrador, un liberador y un constitucionalista[111] [...]

[109] Nos referimos al texto ya citado de A. Adeyinka, "King Ghezo of Dahomey, 1818-1858...", *op. cit.*

[110] En este trabajo no tenemos espacio para desarrollar un punto referido a esta escuela historiográfica. Sin embargo, es importante notar que la escuela de Ibadan fue capital a la hora de redefinir conceptualmente las líneas que seguirían las historiografías africanas a partir de la independencia. Paul Lovejoy analiza los "momentos" intelectuales de esta escuela, y Adeyinka probablemente entra en el momento de "efervescencia" de producción académica con base en las búsquedas historiográficas nacionales. Esta historiografía sigue los cánones monumentalistas de la reconstrucción de batallas y héroes nacionales como la auténtica narración histórica, como vemos en este texto. Véase P. Lovejoy, "Nigeria: the Ibadan school and its critics", en B. Jewsiewicki y C. Newbury (eds.), *African historiographies. What history for which Africa?*, *op. cit.*, pp. 198 y ss.

[111] A. Adeyinka, "King Ghezo...", *op. cit.*, p. 542.

un *gentleman* respetable [...] un hombre de estado comparable a Bismark, Cavour, o Sodeke...".[112]

La razón libertaria de Dahomey se enraiza en su historia, de ahí que no sean necesarias luchas y movimientos armados hacia el fin del "paréntesis" colonial. La narración de cada una de sus victorias militares frente a los mahi, los ashante y los propios yorubas con la innovación de un ejército de mujeres que pertenecía al rey lo presenta como el gestor de un "imperio" territorial. A su vez, como rey de un estado esclavista, el ataque a Abeokuta, zona yoruba del este que no era territorio vinculado con la trata, sólo se entiende por la necesidad de "remover cualquier obstáculo potente al *imperialismo económico* del reino".[113] Para Adeyinka, además, el paso de una economía esclavista a una "moderna" basada en la exportación de productos agrícolas significó alejar la atención de los dahomeyanos de la actitud bélica que implicaban las razzias y promover la direccionalidad del estado hacia la construcción de fábricas locales, la urbanización y la estratificación de la sociedad en clases sociales, según los recursos acumulados por cada grupo. Además, como constitucionalista humanizó las leyes aboliendo la pena de muerte por adulterio; y si no pudo terminar completamente con los sacrificios humanos en el "carnaval"[114] de las celebraciones anuales, fue porque estaban demasiado ligados al culto de los ancestros. Ghezo, en palabras de Adeyinka, "parecía haber nacido para gobernar", con un poder personal que "derivaba de las antiguas tradiciones de su sociedad". A todo esto se le añade un aspecto clave: en su vida privada, Ghezo era una persona de carácter gentil, y "como padre y marido, un hombre admirable".[115]

Éste es un claro ejemplo de las múltiples voces de un texto historiográfico sobre un momento del pasado africano.

[112] *Ibid.*, p. 543.
[113] *Ibid.*, p. 545. Énfasis mío.
[114] Véase A. Adeyinka, "A reasessment...", *op. cit.*, p. 547.
[115] *Ibid.*, p. 544.

En Ghezo, Adeyinka encuentra las virtudes de cualquier gobernante moderno. Para ello, el espacio privado debe ser el primer *locus* de análisis.[116] En él, los atributos de virilidad son capitales para ser trasladados a la imagen de fortaleza del espacio público. Conviene señalar que el "carácter" apropiado o privilegiado de los líderes fue uno de los puntos importantes que remplazó a los discursos racistas o clasistas esgrimidos por la burguesía europea hasta el siglo XIX, como los garantes de gobernabilidad.[117] Además, su actitud de ruptura comienza con el primer acto político: un golpe de estado.[118] De allí en más, la tensión entre "la tradición" y "la modernidad" es constante en el texto de Adeyinka. Se compara a Ghezo con Bismark, pero también con Sodeke, el guerrero egba del siglo XVIII. Ha nacido para gobernar, pero en el seno de una tradición local africana que se lo transmite. "Humaniza" las legalidades del reino, a la vez que no puede erradicar un "carnaval" tradicional. Carnaval, vale la pena recordarlo, es el tiempo de corte occidental para designar, al decir de Balandier, "la inversión de los contrarios culturales", "el mundo al revés".[119] No sólo recordaremos que nada tienen que ver las celebraciones anuales con un carnaval;[120] sino que también es notoria la constante tras-

[116] Por cierto podríamos preguntarnos, con su misma lógica modernizadora trasladada a la disciplina, qué fuentes le permiten a Adeyinka hacer afirmaciones de ese tenor.

[117] Véase Ann Laura Stoler, *Carnal knowledge and imperial power. Race and the intimate in colonial rule*, Los Ángeles, University of California Press, 2002 p. 25.

[118] La expresión *coup d'etat* es usada (tanto en los textos originales en francés como en inglés) por todos los historiadores que hablan del ascenso de Ghezo. Sin embargo, el término golpe de estado supone demasiadas controversias al tratarse de un episodio político definido dentro de los cánones de la teoría política liberal contemporánea. En realidad, las historiografías más recientes basadas en etnografías e historias orales tienden a mostrar que Ghezo actuó como regente mientras su predecesor permanecía con su corte personal en el propio palacio, sin derecho a intervención política. Véase Edna Bay, *Wives…*, *op. cit.*, p. 176.

[119] G. Balandier, *El desorden. La teoría del caos y las ciencias sociales. Elogio a la fecundidad del movimiento*, Barcelona, Gedisa, 1993.

[120] Muchos trabajos de carácter histórico-etnográfico tocan las celebraciones anuales como temas de estudio. Un análisis detallado se encuentra en C. Coquery-Vidrovitch, "La fête des coutumes au Dahomey: Historique et essai d'interpretation", *Annales E. S. C.*, XIX, 1964.

lación de categorías: "golpe de estado, declaración de independencia, constitucionalismo, imperio económico."[121]

Releyendo este tipo de textos, la invención de la "comunidad imaginada" en las repúblicas africanas de los años sesenta y setenta del siglo pasado toma forma más asequible.[122] En muchos casos, las tradiciones orales y la mitificación de los orígenes a partir de genealogías hacía posible el sentido de unidad. En el caso de Benin, al contrario, la conjugación de pueblos aja-fon, aja-ewe y yorubas, con tradiciones diversas y cuyos puntos de origen eran localmente trazados según las diferencias étnicas, tema que será abordado más adelante, era imposible tal construcción convergente en una tradición originaria. Había que hacer esencial otro factor: el líder político. La tarea fue buscarlo en el tiempo secular de la política local, forjarlo como constructor local de una modernidad situada en tiempos anteriores a la colonia, junto a los logros que habían sido destruidos por los europeos y que habría que volver a construir.

En todo eso se convirtió Ghezo para una generación de historiadores como Adeyinka. Pero a esto se suma una característica clave, tanto para coronar la hagiografía del héroe como para encastrar su genealogía en la cultura política africana: el rey tenía poderes sobrenaturales. En la biografía que Adrien Djivo escribe sobre Ghezo, en dos ocasiones son ratificados estos atributos: en primer lugar cuando Gakpe —el nombre

[121] En la novela *Doguicimi*, del etnógrafo Paul Hazoumé, Ghezo y su personaje alter-ego *Doguicimi* aparecen en el espacio histórico como dos "incomprendidos" que rechazan los sacrificios humanos vigentes para las celebraciones anuales y tienen conflictos personales internos con respecto a la continuidad de la trata esclavista. Más allá de la dimensión de visibilidad "privada" de Ghezo que otorga la narrativa de ficción literaria, me interesa rescatar un punto que es retomado por Hazoumé al final de la obra. Los dos personajes son, para él, cristianos en potencia *antes de su tiempo*, y la prueba de que Dahomey era un territorio "previsto y preparado" para recibir la simiente del cristianismo. De alguna manera, la narrativa del "destino histórico" se trastoca aquí desde el ángulo secular del estado-nación al plano religioso del estado colonial. Véase Paul Hazoumé, *Doguicimi*, *op. cit.*, p. XII.

[122] Véase E. Soumonni, *Dahomey y el mundo atlántico*, *op. cit.*, pp. 23 y ss. También P. Lovejoy, "Nigeria: the school of Ibadan...", *op. cit.*

que tenía Ghezo antes de ser coronado— rescata a su amigo De Souza de la prisión, con amuletos que paralizaron a los guardias de Adandozan;[123] en otra ocasión, cuando Djivo señala que las armas más potentes que Ghezo acarreaba en la guerra contra Abeokuta en 1851 no eran las armas de fuego de los blancos, sino un amuleto que habría servido para inmovilizar al ejército yoruba.[124] Se mundanizó la historia, la narrativa, pero no los agentes que posibilitan su realización. La religión como sistema se atomiza: es sólo el rey quien tiene el poder de hacer funcionar los amuletos. Así, la concepción fon del poder inmaterial se estatiza en una acción secularizadora, al subordinarse a las necesidades del estado, y la voluntad del líder. Aunque esto parezca una contradicción lógica, se trata más bien de una apropiación local singular de los sentidos de modernidad política. Podemos pensar el análisis de Djivo como un caso aislado, pero de todas maneras nos ofrece una idea de la riqueza de las formas de traducción de la modernidad vernácula. Si en general las historiografías nacionalistas de África o India han tratado de desechar la "superstición" como elemento disruptivo del proceso modernizador,[125] este caso nos muestra que, paradójicamente, los "poderes inmateriales" de un exponente político son, sin embargo, parte de un proyecto secularizador. Lo "irracional" se domestica, se *a-terriza* y se naturaliza en la narrativa teleológica de la nación.

Pero es necesario hacer más complejo el panorama sobre Ghezo. Si reflexionamos sobre el acceso del rey al poder, los problemas historiográficos son varios. El historiador Maurice Glelé,

[123] Véase A. Djivo, *Guezo: la renovation...*, *op. cit.*, p. 21.

[124] Véase *ibid.*, p. 69. Ghezo era, además, el rey preparado para "desafiar" a los oráculos. En *Doguicimi*, Paul Hazoumé relata con un valor etnográfico muy preciso el funcionamiento de los oráculos y el lugar del *bokonon* —especie de intérprete real del sistema de adivinación— en las decisiones importantes del rey. A su vez, Hazoumé pone a Ghezo como el rey que es capaz de contradecir la decisión de los oráculos y manipular su veredicto ante la población. Esto sucede antes de la batalla de Abeokuta, que todos los oráculos habían ordenado suspender. Véase Paul Hazoumé, *Doguicimi*, *op. cit.*, pp. 111 y ss. De hecho, Dahomey perdió esta batalla.

[125] Véase D. Chakrabarty, *Provincializing Europe...*, *op. cit.*, pp. 237-238.

beninés descendiente de la dinastía dahomeyana, de la línea opositora al rey Ghezo (de hecho apellidado como el sucesor de Ghezo), quien trabajó con las tradiciones orales reales recogidas en los años sesenta del siglo XX, si bien no llega a hacer las proyecciones de Adeyinka, se encarga de enfatizar la crueldad y la dureza de Adandozan, un rey que no respetaba los rituales ancestrales, que se negaba a trabajar con los europeos, que era brutal, utilizaba niños en los sacrificios humanos y mantenía al reino en un constante estado represivo.[126] Sin embargo, recientemente algunos historiadores africanos se han propuesto repensar esta especie de *establishment* historiográfico.

Elisée Soumonni[127] y Adrian Djivo,[128] analizando fuentes orales rescatadas en la periferia del imperio —y no en Abomey, capital y espacio de la corte—, proponen que Adandozan quizás había intentado reformar las políticas del estado desde una perspectiva endógena. Probablemente empeñado en una restructuración de la economía del reino hacia la economía agrícola y en una reforma de los rituales, Adandozan parece haber reducido la cantidad de sacrificios humanos que se ofrecían a los ancestros políticos en las *Xwètanu*, y tal vez cometió el error que lo depuso: encarcelar —probablemente por una deuda impagada— al *yovogan*[129] de Whydah, Félix de Souza.[130]

Mientras en la política de Ghezo la reducción de sacrificios humanos se vio como estrategia de "modernización" de las costumbres para la propia historiografía beninesa, en el caso

[126] Maurice Glelé, *Le Danxomé*, *op. cit.*, pp. 120 y ss.

[127] E. Soumonni, *Dahomey y el mundo atlántico*, *op. cit.*, pp. 66-67.

[128] A. Djivo, *Guezo: la renovation...*, *op. cit.*, p. 26.

[129] *Yovogan* era el cargo hecho oficial en Dahomey para el encargado del comercio europeo en la costa. Literalmente en lengua fon significa "gobernador de los blancos". Véase R. Law, *The slave coast of West Africa*, *op. cit.*, pp. 337-340.

[130] Sin embargo, el propósito de Adandozan, en todo caso, parece haber sido el de remplazar a los "comunes" destinados como "mensajeros" en los sacrificios humanos, por gente de la corte, príncipes fundamentalmente, que fueran eficaces en tal función. Esto provocó el descontento de la corte. Véase A. Djivo, *Guezo, la renovation...*, *op. cit.*, p. 21.

de Adandozan, la misma medida se tomó como falta de cumplimiento con los ritos ancestrales. Lo cierto es que cuando en 1818 este rey decidió poner límites al poder europeo y castigar a De Souza, Ghezo, príncipe en uno de los distritos del reino, entendió que era su momento de actuar políticamente: envió secretamente una escuadra de rescate al comerciante brasileño, que era un hombre con poder económico y un punto nodal en las transacciones con los europeos —no sólo portugueses—, y que se transformará en un factor clave en la ascensión de Ghezo.[131] Mientras Adandozan habría tratado de neutralizar la influencia europea en las políticas del reino en un momento de claro declive económico, Ghezo se alió con De Souza y preparó su irrupción al poder. En estos puntos confluye gran parte de las historiologías orales del siglo XX, incluso en el descontento popular con Adandozan y el apoyo —por otra parte necesario para su proclamación— que Ghezo tenía entre la población. Cuando Ghezo se proclamó rey en 1818, Francisco Félix de Souza se transformó en el Chacha de Whydah, con gran poder de decisión como encargado de todo el comercio transatlántico, y de las relaciones con las potencias europeas cada vez más intervencionistas.[132]

Otro hecho importante para comprender la dinámica del reino en el siglo XIX es la política que Ghezo llevó a cabo con Adandozan. Más allá de las divergencias de las historiografías locales acerca del destino del rey depuesto y su corte, un elemento parece claro: mientras los familiares más cercanos fueron condenados a suplicio público y su mujer fue condenada a exilio político mediante su venta como esclava a la trata atlántica, Adandozan permaneció vivo en algún costado del palacio.[133]

[131] R. Cornevin, *Histoire du Dahomey*, *op. cit.*, pp. 273 y ss. Edna Bay, *Wives…*, *op. cit.*, pp. 174 y ss.

[132] Elisée Soumonni, "Ouidah dentro de la red de comercio transatlántico de esclavos", *op. cit.*, pp. 25 y ss.

[133] Mientras para Soumonni la venta de la mujer de Adandozan a la trata esclavista es una medida sin precedentes de castigo político y para Hazoumé constituye

Sin embargo, todos los historiadores consultados destacan el hecho de que su reinado quedó completamente borrado de las *ahanjito*, historias locales oficiales, así como de los *kpanligan*, los cantos de los heraldos de la corte. Sabemos que esto no fue una innovación de Ghezo. La exclusión de algunos reinados completos de la lista de *ahanjito* es una política de la memoria particular de Dahomey.[134] No se trata de una forma de aberración histórica. Más bien era una política de la historia que consagraba el ejercicio de la memoria colectiva oficial a los aspectos que habían contribuido al engrandecimiento del reino. La innovación de Ghezo en este sentido la constituyó haber permitido la vida de Adandozan. Así, este rey recibió el peor de los castigos políticos para un rey africano: en las narraciones orales sus logros se atribuyeron a Ghezo, su familia fue destruida, y él fue condenado a ser testigo de una historia reconstruida en la que su reino estaba ausente, oyendo las *ahanjito* cortesanas que se cantaban a diario en el propio palacio donde estaba recluso, esto es, oyendo la narración de la historia del reino de la cual él había sido artífice, como si jamás hubiera existido.[135] El problema es que la historiografía de la independencia no ha podido establecer de manera uniforme el "lugar" de Adandozan en la construcción del estado nacional. Las narraciones se superponen y las recurrencias —a ve-

---

una aplicación de "ley del talión" en respuesta a la crueldad del reinado de Adandozan, encontramos otras explicaciones. Edna Bay muestra que un análisis cuidadoso de la simbología religiosa del *vodun* y deidades reales en la ex costa de los esclavos y en puntos distantes como Brasil, prueban que el envío de ciertas personalidades importantes a la trata esclavista constituía una forma de ostracismo y de exilio político para los linajes rivales de los detentores del poder. Véase Paul Hazoumé, *Le pact de sang...*, p. 6. E. Bay, "Protection, political exile and the Atlantic slave trade: history and collective memory in Dahomey", en E. Bay (comp.), *Rethinking the African Diaspora*, Emory Univerity Press, 2001.

[134] Este punto se trata con detalle en R. Law, "History and Legitimacy", *op. cit.*

[135] Edna Bay, *Wives...*, *op. cit.*, p. 175. Incluso en ese momento se creó una casa especial en la selva —el espacio liminar por excelencia en África— en la que probablemente se recluyó un tiempo a Adandozan y luego fue un lugar de celebración ritual para la familia de este rey. A esta casa se le denominó *ngbe nú do*, que en lengua fon significa "no hay historia". Véase M. Glelé, *Le Danxomé...*, *op. cit.*, p. 117.

ces imprecisas— a las tradiciones orales indican una u otra cosa —la importancia o la negligencia de Adandozan— como una temática que persistió en la negociación de la memoria poscolonial. Justamente porque lo que estaba en juego era el engarce de las historiografías locales con el metarrelato autorizado de la historiografía académica, y la legitimidad de esta última como la expresión realizadora de la modernidad política. En este caso, más como una manera de ser consecuente con el *tropo* de la realización moderna del estado nacional dahomeyano, la figura de Ghezo consagra los atributos específicos de la historia-garantía, la historia-progreso.

Es interesante la operación simbólica que Adrien Djivo deja percibir en su obra, cuando aborda un discurso que Ghezo habría dirigido a su *vidaho* (que más tarde se transformaría en el rey Glelé) unos días antes de morir, en 1858. En el presunto discurso del rey leemos:

> Se nos acusa de hacer la guerra, de vender esclavos de guerra y de honrar la memoria de nuestros muertos ilustres con sacrificios humanos. Más que simples accidentes, ésos son datos fundamentales de nuestra historia [...]
>
> Nuestros enemigos principales fueron vencidos. Pero, aunque el *Dahomenu*[136] se haya liberado del yugo yoruba, mientras subsista la aldea de Abeokuta la seguridad de Dahomey no será sino azarosa [...] Agbomé-Dahomey se debilitará indudablemente si la tradición que hace su fuerza es socavada por un desprendimiento demasiado rápido de sus costumbres y sus instituciones. Cualesquiera que fuesen los consejos de los blancos que vienen a hostigarnos, sus iniciativas tienen sobre todas las cosas un objetivo único: la defensa de sus intereses económicos y comerciales.
>
> Suprimir la trata y los sacrificios humanos es sin duda alguna algo humanitario. Haciéndolo, aportarás mucho a este pueblo. Pero toda iniciativa en este sentido debe tener en cuenta el estado del espíritu del pueblo [...][137]

[136] *Dahomenu* suele utilizarse como forma de sustantivar los atributos constitutivos del reino como propiedad del rey, fundamentalmente refiriéndose al territorio y a los súbditos. Por estas razones lo dejo como aparece en el original.

[137] A. Djivo, *Guezo: la renovation...*, *op. cit.*, p. 93.

No he identificado indicios de este discurso en ninguno de los otros materiales bibliográficos consultados, no hay referencia a él en los textos que abordan las tradiciones orales encontradas o complementarias de la época de Ghezo.[138] Sin pretender poner en duda su veracidad ni adentrarme en las cuestiones referentes a las condiciones de producción y transmisión de ese discurso, quisiera destacar algunos puntos. En primer lugar la partición clara que representa Ghezo respecto a la diferencia étnica: no sólo ya no existe el "gran país aja yoruba" que proyecta Akinjogbin en su *Dahomey and its neighbours*, sino que la confrontación es clara: los yoruba son "nuestros enemigos". Ghezo parece definir las fronteras del espacio "nacional", dahomeyano, exclusivamente fon. En otro sentido, Ghezo es nuevamente el profeta de los tiempos venideros: los "blancos" como los destructores de las "tradiciones" e instituciones locales, como los predadores de un espacio cultural en vista de sus intereses económicos. La actitud profética en la narración no está sólo dada por el anacronismo de estas afirmaciones en palabra de Ghezo, sino sobre todo en la actitud desconcertante en la que pone al rey el historiador: toda la bibliografía historiográfica y etnográfica remarca la actitud "europeizante" de Ghezo, no sólo en su alianza con el Chacha sino en cuanto a su política cultural.[139] La contradicción de la narrativa de Djivo con las evidencias históricas no sólo se da en el caso de Ghezo por su política europeizante y su negativa rotunda a terminar con la trata esclavista, sino

[138] Vale aclarar que Djivo no da ninguna información sobre la fuente de la que extrae el discurso. Sólo adelanta que "un día del año 1858, Ghezo tuvo un largo *tête à tête* con su presunto sucesor..." Véase *ibid.* En este sentido, el *tropo* narrativo que asume Djivo asemeja mucho las formas oralizadas de circulación del conocimiento, elemento importante si recordamos el imperativo pedagógico y el universo al cual estaba dirigida la colección *Grandes Figures Africaines* —los adolescentes y jóvenes africanos en la década de 1970.

[139] Véase Edna Bay, *Wives of the leopard*, *op. cit.*; Paul Hazoumé, *Le pact de sang au Dahomey*, *op. cit.* Paul Hazoumé recoge en *Doguicimi* la frase "amigos de ultramar", que es como denominaba Ghezo en lengua fon a los europeos instalados en las costas. Véase Paul Hazoumé, *Doguicimi*, *op. cit.*, p. 37.

también por la continuidad de los sacrificios humanos y de la celebración de las *Xwètanu* durante el reinado de su sucesor, Glelé.

Sin embargo, en el discurso que propone Djivo el rey aparece como el previsor, el consejero y, sobre todas las cosas, como la *bisagra cultural* de la dicotomía en boga entre "tradición y modernidad". Una modernidad a la que se aspira, relocalizada, "depurada" de los elementos destructivos de la colonización. Había que finalizar con los sacrificios humanos, llevarlos al espectro de los "datos fundamentales de la historia", localizarlos allí, pero buscar en el presente y en el futuro próximo una nación que opere por fuera de la trata esclavista como sustento económico, y que elimine a los sacrificios como concepción filosófico-política de conexión con el pasado.

En la narrativa de Djivo este futuro próximo debe resultar de la búsqueda nacional de una *modernidad endógena*[140] como fin en sí mismo, como parte de un proyecto local que nada tiene que ver con las aspiraciones predatorias de los europeos. El "humanitarismo" aparece como un concepto local, como programa político del rey. En el presunto discurso de Ghezo hay un distanciamiento con la política europea a la vez que la apropiación de una idea particular, y selectiva, de "modernidad" cultural: el humanitarismo dentro de la guerra justa, el fin de la trata esclavista no por presión externa, sino por mandato "civilizatorio" de la nación. Lo que trato de especificar es que este desplazamiento narrativo es parte de lo que Anne Norton[141] denomina el "gobierno de la memoria" como un espacio conflictivo dentro de las historiografías de la nación poscolonial; por una parte, porque las historiografías de la independencia desafiaron la autoridad temporal soberana del

[140] Algo similar a lo que Prasenjit Duara denomina la "chinesidad" prefigurada en las narrativas nacionalistas chinas, que son, simultáneamente, chinas —africanas, indias— y occidentales. Véase P. Duara, *Rescuing history from the nation…*, *op. cit.*, p. 27.

[141] Anne Norton, "Ruling memory", en *Political Theory*, vol. 21, núm. 3, 1993.

imperio como punto genésico —y progresivo— de la historia. Por otra, porque, sin embargo, siguen representando un "exilio"[142] memorístico de las poblaciones locales al encastrar matrices exógenas de la experiencia —coloniales y colonizadoras— y apropiarlas en las narrativas sobre el pasado africano.[143]

Ghezo también es presentado como aquel que "preparó" el terreno de la resistencia anticolonial. En este punto hay que reconocer varios elementos. Aunque difícilmente pueda adjudicarse a Ghezo la previsión de un conflicto directo con los franceses —dada su política de conciliación con sus "amigos de ultramar"—, en su biografía se percibe una necesidad de "temporalizar" la resistencia contra el colonialismo, no como una "reacción espontánea", sino como un programa preconcebido. En el final de la biografía de Ghezo, Djivo trata de contrarrestar la figura de Behanzin como el rey que en 1894 tuvo que llevar sorpresivamente las riendas de la campaña militar contra los franceses. Es Ghezo quien cuarenta años antes prepara el terreno reforzando la armada, incrementando los medios humanos y económicos para la guerra, y dando él mismo el ejemplo de "la unión a la patria", puesto que "el rey de Dahomey no regala una cucharada de su tierra a cualquiera".[144] Por otra parte, el problema historiográfico de la analogía y la pretensión de continuidad entre las resistencias africanas anticolonialistas de fines del siglo XIX y las de la posguerra del siglo XX,[145] se refleja en el final de la obra de Djivo como un punto de fuga hacia la construcción de la resistencia nacional: Ghezo sentó las bases administrativas, militares y económicas de la nación, pero ante todo, fue el constructor y "secularizador" de una "cultura política de la resistencia", en

[142] Norton alude aquí a la expresión utilizada por Marx respecto a los *hindus* que habían sido "exiliados" de su historia, habiendo perdido su pasado, sin apropiarse de uno diferente. Véase *ibid.*, p. 456.

[143] Véase *ibid.*, pp. 460-461.

[144] A. Djivo, *Guezo: la renovation...*, *op. cit.*, p. 97.

[145] Entre otros, véase el tratamiento de este problema en T. Ranger, "African iniciatives and resistance in the face of partition and conquest", *op. cit.*, pp. 46 y ss.

la cual "nada —ningún vestigio religioso— era más importante que el estado". Esta noción de resistencia, lejos de ser una reacción *ad hoc* a las embestidas europeas, aparece como elemento programático, inseparable de la "nueva" identidad dahomeyana a partir de la "era Ghezo".[146] Esta necesidad de vinculación directa entre el pasado "histórico" y la situación político-económica de África en el momento de las independencias es un elemento recurrente en las historiografías que analizamos. I. A. Akinjogbin, plantea que

> [...] con el fin de la era colonial y la re-emergencia de los estados africanos cuya relación con el mundo exterior es casi exactamente igual a la de sus predecesores del siglo XVIII, un estudio [que contemple el siglo XVIII] debería tener más que un interés meramente académico.[147]

En este sentido, no sólo es difícil sostener que los estados de África independiente sean una "re-emergencia" de los reinos existentes anteriores a la era de la colonia dados los profundos cambios en la cultura política y administración del estado, sino que probablemente uno de los problemas del estado poscolonial haya sido la imposibilidad de vincular eficazmente las experiencias políticas históricamente concebidas por las poblaciones —y no sólo por las élites *evolués*— con los "mandatos imperativos" del estado nacional moderno.

Ghezo, resistente, visionario, es modelo de estadista y modelo de hombre. La masculinidad recalcada es otro de los atributos heroicos ligados a la identidad nacional. Ya he citado discursos en los cuales las resonancias masculinas aparecen como recurrentes. Este tópico se conforma en la historiografía, aunque de manera tangencial, como aquello que Achille Mbembe denomina la "ansiosa virilidad" de la estética poscolo-

[146] Nuevamente el problema de este tipo de historiografía es que logra minimizar las expresiones polisémicas de la resistencia anticolonial, dentro de la cual las religiones locales se apropiaron de los sentidos "modernos" de los reclamos. La extensión y las transformaciones del *vodun* en Dahomey fueron una expresión clara de ello.

[147] Véase I. Akinjogbin, *Dahomey and its neighbours*, *op. cit.*, p. 7.

nial.[148] La importancia de la mujer en los asuntos ligados directamente con la toma de decisiones políticas ha sido sistemáticamente soslayada por las historiografías como prolongación de una política excluyente de género, llevada a cabo por Ghezo. Las historias orales ponen a la *kpojito* —"esposa ritual del rey"— como "madre" del reino. Ella tenía su propia corte y una especie de dinastía paralela, y su principal función era fungir como punto de conexión entre la élite política y el pueblo, por medio de su intervención religiosa como custodia de los diferentes *vodun* —deidades— que habitaban el reino y a las que se rendía culto. Pero a su vez, el poder político de la *kpojito* se extendía hasta el punto de ser un nexo clave en las definiciones sucesorias de los reyes. Este poder fue socavado por Ghezo, quien tomó una serie de medidas tendientes a excluir a la *kpojito* de turno de todas las decisiones clave. De hecho en el siglo XIX se comenzó a adorar a miembros deificados de la familia real, el culto *Nesuhwe*, con la práctica de la adivinación a partir del oráculo de Fa, de procedencia yoruba, que fue adoptado como espacio central en la vida espiritual del reino, y también en el terreno de la toma de decisiones políticas. Mientras Djivo y Glelé muestran esta yuxtaposición religiosa de *vodun* y fa como muestra de una unidad religiosa inmemorial,[149] el estudio de historias orales femeninas muestran que en realidad hubo una reconversión completa de la práctica religiosa a partir de este momento. En primer lugar porque poco a poco se trató de minimizar la competencia de fe que ejercían las deidades populares, así como la práctica religiosa popular por excelencia de los fon, el *vodun*.[150] El *vodun* era una religión básicamente comandada y practicada por mujeres, que tenían un amplio control de los recursos religiosos en la familia y en

[148] Véase A. Mbembe, "The banality of power and the aesthetics of vulgarity in the postcolony", *op. cit.*

[149] Véase A. Djivo, *Guezo, la renovation...*, *op. cit.*, pp. 65-66; M. Glelé, *Le Danxomé...*, *op. cit.*, pp. 74-75, 118.

[150] Véase E. Bay, *Wives of the leopard...*, *op. cit.*, p. 253.

la unidad doméstica; su culto era público y popular y planteaba una noción de proximidad entre el creyente y la deidad. En cambio, el culto a Fa propone una relación por completo diferente. Focalizado principalmente en los hombres y en los aspectos masculinos de la espiritualidad, es un culto privado, individual, y necesita del *bokonon,* especie de sacerdote que la corona enviaba a entrenar a tierras yoruba.[151] Este culto era principalmente una forma encarada por la monarquía para minar el control que ciertas mujeres tenían sobre la toma de decisiones a partir de las prácticas del *vodun.* Además, unía la voluntad con el destino individual de cada persona, y sobre todo la del rey como suma de los destinos del reino. En parte, esto significaba borrar las distinciones entre rey y reino, y entre las decisiones individuales del rey y la política para el reino. Ghezo fue el punto de inflexión en estos cambios.

Tampoco nos parece casual que este rey, con un intento de masculinización de la política, sea tomado como modelo por las historiografías occidentales o africanas nacionalistas de las primeras décadas de la independencia. De la misma forma que Akinjogbin destaca la figura masculina de Agaja y de todos los exponentes de la dinastía Wegbaja —la fuerza acompañada de los atributos magnánimos—, éstas son también las condiciones de Ghezo, y como en ellos no se encarna sólo un exponente político, sino un líder revelador de los ideales del estado-nacional, los atributos personales se extienden a este último. Así, en general las historiografías de la independencia continúan con esta política de silenciamiento del género, incluso en aquellos puntos en los cuales la prevalencia del aspecto masculino en el estado se presenta como parte de una política contingente. M. Glelé muestra el "equilibrio de poderes" en la filosofía política de Dahomey como un esquema calibrado de representaciones simbólicas enquistadas en la sociedad, por medio de las cuales las mujeres estaban intrínsecamente

[151] *Ibid.*

relacionadas con la tierra y el pueblo, mientras los hombres estaban ligados de, manera inherente, con el estado, el fortalecimiento de la realeza y la detentación de la fuerza.[152] Estudios más recientes muestran, al contrario, que estos esquemas simbólicos deben situarse históricamente como proyecciones ideológicas de la dinastía de Wegbaja en el siglo XVIII, rotos luego cuando las mujeres se convirtieron en eslabones económicos imprescindibles a partir de la imposición de una economía agrícola.[153] Exponer estos esquemas como un "presente etnográfico" inalterable, enraizado en el dogma de "la tradición", ha sido uno de los recursos más eficaces del discurso (pos)colonial para no alterar los *tropos* discursivos del estado ligado con la masculinidad, vinculados a la herencia de la colonia.[154]

SILENCIOS PERFORMATIVOS: DIFERENCIA ÉTNICA Y GÉNERO COMO AUSENCIA Y COMO EXALTACIÓN

> The remembrance of things past in a people's life and the urge for a people's own historiography have, of course, one thing in common. Both are informed by a notion of the Other. What that Other is, may be determined by culture or contingency or both, as it often is the case [...] But whatever the kind of alterity, the presence of the Other at any given time always casts a shadow in the form of another time —in the form of a past.
>
> RANAJIT GUHA, *Dominance without hegemony*[155]

Como las propias historiografías locales periféricas a Abomey lo registran, Dahomey fue un estado predador, y de alguna ma-

[152] Véase Maurice Glelé, *Le Danxomé...*, *op. cit.*, p. 100.

[153] Véase Edna Bay, *Wives of the leopard*, *op. cit.*, pp. 96-97.

[154] Véase Mamadou Diouf, "Des historiens et des histoires, pour quoi faire?", *op. cit.*, p. 340.

[155] Véase R. Guha, *Dominance without hegemony. History and power in colonial India*, Cambridge, Harvard University Press, 1997, p. 154.

nera su formación estuvo a cargo de una "banda de extranjeros advenedizos" en las tierras Aja.[156] Sin embargo, ya he analizado cómo esta memoria fundadora fue convertida en la historiografía nacionalista en un origen "puro", revolucionario, aunque anacrónico e incomprendido. Asimismo, el lugar de las etnias mahis, igedes, baribas y egba-yoruba entre las principales que formaban parte del *plateau* territorial y hoy forman parte de la República de Benin, es un punto de desplazamiento historiográfico, de incomodidad narrativa visible en las historiografías consultadas. Esta tensión va desde la narración de la existencia de un "gran país aja-yoruba" que Dahomey y su etnia fon fueron capaces de aglutinar debido a su potencia teleológica, hasta el silenciamiento de los conflictos históricos y de las políticas sociales y contrahegemónicas de la memoria que algunos grupos representan en Benin contemporáneo, o lo que es peor, la representación de la dicotomía imperial barbarie-civilización dentro de las historiografías poscoloniales.

"Disciplinar" las temporalidades étnicas, en sentido foucaultiano, a menudo se presenta como la tarea básica de la historiografía nacionalista.[157] La identificación de un vector experiencial, el ordenamiento coherente y sistemático de los hechos en la narrativa única, son parte de la estrategia discursiva.[158] Sin embargo, la erección de estas "historias-monumento" produce discursos que no son ni tan monolíticos ni tan "represores" de la diferencia étnica. Al contrario, la exacerbación de la diferencia es un recurso persistente para crear una geografía particular en los márgenes de la nación. En este sentido, es importante destacar que en los textos analizados, lo que interesa exhumar es la razón prístina de la nación, que "tiene un Destino" —moderno en su definición, y que sin embargo *opera dentro de la diferencia.*[159]

[156] Véase E. Bay, *Wives of the leopard...*, *op. cit.*, p. 312.
[157] Véase M. Diouf, "Des historiens et des histoires...", *op. cit.*, pp. 338-339.
[158] Véase *ibid.*
[159] H. Bhabha, "Signos tomados por prodigios. Cuestiones de ambivalencia y

En la biografía que Dijvo escribe sobre Ghezo, el rey aparece como el héroe que conduce en persona las campañas militares, cuyos resultados, sin embargo, no han hecho "ni menos turbulentos ni menos arrogantes a esas 'bestias pestilentes de las montañas del norte'".[160]

Los mahi, los igede, son excluidos de la historia-progreso que encarnaba Dahomey,[161] presentados como la alteridad dentro del *plateau*, y como una forma de concebir la "necesidad" de la conquista territorial fon. Por un lado, éste es uno de los ejemplos más contundentes sobre cómo, en algunos casos, las contra-narraciones de la independencia reprodujeron las formas modelo imperiales de registrar la experiencia histórica, pero a la vez constituyeron una operación epistemológica al localizar la pertenencia y la diferencia precoloniales en los términos de un nuevo lenguaje memorial. Djivo trata de destacar la evolución de los límites geográficos de Dahomey[162] en una historia lineal de dilatación territorial que es a su vez la expansión de la cultura fon. En esta conquista territorial, descrita con cuidado en las páginas iniciales de Djivo, la ocupación de los valles de Weme y de Koufo, y de las mesetas de Agbomé, Akplahoué y Ketou, es a la vez la difusión de una historia particular. El *mundus* latino es trasladado a África, con una diferencia: si la geografía como tal generalizó cierto conocimiento sobre el continente, que en épocas del imperio romano no se tenía, en cambio para el discurso histórico, los márgenes del espacio dahomeyano son a su vez los límites del mundo cuya historia es posible narrar.

En otro sentido, pocos trabajos hablan del componente yoruba en este periodo de Dahomey, clave por la afluencia de

---

autoridad bajo un árbol en las afueras de Delhi", en H. Bhabha, *El lugar de la cultura.* César Aira (trad.), Manantial, Buenos Aires, 2002 [1994], pp. 133 y ss.

[160] A. Djivo, *Guezo: la renovation...*, *op. cit.*, p. 22.

[161] En las narraciones historiográficas nacionalistas, la exclusión de los agentes "extraños" al sujeto nacional de la experiencia temporal y social es un efecto recurrente. Véase P. Duara, *Rescuing History from the Nation*, *op. cit.*, pp. 26 y ss.

[162] Véase A. Djivo, *Guezo: la renovation...*, *op. cit.*, pp. 26-27.

contingentes cautivos o refugiados luego de la caída de Oyo en 1832. Pocos historiadores rescatan el componente ambivalente y contradictorio que los yorubas aportaron al reino. Las historiografías nacionalistas, así como las coloniales —por razones diversas—, negaron la influencia yoruba que se proyectó en la zona dahomeyana durante la tutela de Oyo y después de su caída. Incluso Robert Cornevin se anima a hacer una afirmación contundente: que las estructuras políticas de los fon son herederas directas del contacto histórico que tuvieron con los elementos yorubas provenientes del este.[163] Sin embargo, Adrien Djivo, en su biografía de Ghezo, se encarga de impugnar esa afirmación resaltando el origen aja de la etnia fon cuya instalación en el *plateau* no puede entenderse como el "impacto cultural y político" yoruba.[164]

Tomaré por un momento las implicaciones del texto de I. Akinjogbin sobre este punto. Más cercano al argumento de Cornevin, Akinjogbin establece que el préstamo de lenguas e instituciones religiosas provenientes de los yorubas es parte de la realidad dahomeyana. Pero Akinjogbin agrega un punto más clarificador para su análisis: es esta amalgama de religiones y lenguajes comunes lo que hace de "la unidad del gran país Aja-Yoruba, una realidad".[165] Este gran país existe, para el historiador nigeriano, como una realidad histórica desde comienzos del siglo XV. Es importante que recalque la operación epistemológica de Akinjogbin: el historiador ubica en la "escurridiza" característica de la "tradición" —por la dificultad de sus referentes precisos—[166] a esta "unidad cultural", basada en la existencia de aquella "teoría social tradicional" *Ebi*, que se evidenciaría en "actos específicos del estado" como las ceremonias de coronación, las declaraciones de guerra, la

[163] Robert Cornevin, *Histoire du Dahomey...*, *op. cit.*

[164] A. Djivo, *Guezo: la renovation...*, *op. cit.*, p. 41.

[165] Véase I. A. Akinjogbin, *Dahomey and its neighbours*, *op. cit.*, p. 14.

[166] De hecho Akinjogbin no proporciona otros elementos que permitan comprender por qué ubica "aproximadamente", en el siglo XV a la conformación de esta "unidad cultural".

celebración de festivales. Esta "teoría social tradicional" es lo que conforma, para Akinjogbin, la "base subyacente de la organización política tradicional de los reinos Aja-Yoruba".[167] El ápice que comprobaría la existencia de esta teoría pan-aja-yoruba es la existencia de "un solo gran ancestro" como ascendiente de ambas culturas. Me interesa destacar este punto no sólo porque es difícil encontrar referencias a esta "teoría social tradicional", y mucho más lo es visualizar algún punto de unión en las mitologías compartidas de origen entre los aja y los yoruba, sino porque es en la "tradición" —lejana, indefinible históricamente— donde Akinjogbin subsume la diferencia étnica. De hecho, a pesar de la descripción en términos teóricos que hace Akinjogbin de esta teoría social *Ebi* compartida entre los numerosos pueblos yoruba y los pueblos aja, varios historiadores —y no todos de forma reciente— han puntualizado las diferentes tradiciones originarias egba-yoruba, igede, ewe-fon y aja-fon. Incluso un análisis "genealógico" y diacrónico de las tradiciones orales ha permitido visualizar la invención relativamente reciente —incentivada por la administración colonial y luego por el estado independiente— de concepciones de "homogeneidad" cultural, que se presentan sin embargo como "tradicionales", "originarias". El caso aja-yoruba es uno de ellos.[168]

Esta estrategia narrativa es parte de un desplazamiento poscolonial más amplio, que combina de manera productiva la aparente contradicción entre la pluralidad (étnica) y la unidad (del pueblo); entre el tradicionalismo legitimante y la "novedad" moderna. En palabras de Homi Bhabha,

> [...] la unidad política de la nación consiste en un desplazamiento continuo de la angustia causada por la irredimible pluralidad de su espa-

[167] Véase I. A. Akinjogbin, *Dahomey and its neighbours*, *op. cit.*, p. 14.

[168] Para las divergentes mitologías fundadoras yoruba y aja/fon en un análisis diacrónico véase R. Cornevin, *Histoire du Dahomey*, *op. cit.*, pp. 148 y ss. Para los procesos de apropiación y rediseño colonial y poscolonial de esas tradiciones, véase R. Law, "History and legitimacy...", *op. cit.*; S. Green, "Notsie narratives: history, memory and meaning...", *op. cit.*, *passim*.

cio moderno; lo que equivale a decir que la territorialidad moderna de la nación se ha transformado en la temporalidad arcaica y atávica del Tradicionalismo. La diferencia de espacio retorna como la Igualdad consigo misma [*Sameness*] del tiempo, volviendo Tradición al Territorio, y volviendo Uno al Pueblo.[169]

De hecho Akinjogbin no silencia la presencia yoruba en su narrativa histórica —como lo hacen, por ejemplo, Adeyinka o Dov Ronen—, sino que la ingresa dentro de una metanarrativa de la "unidad cultural" prefigurada en la "tradición": ése es el sustrato esencial de la nación dahomeyana. En su narrativa, el conflicto histórico es un error contingente, redimido por la Historia que el historiador rescata, como redentor, de las "oscuridades" de la memoria "tradicional". Así se ilumina una nueva —y definitiva— versión *événementielle*: las guerras con Oyo y Abeokuta, la esclavitud yoruba dentro de Dahomey, el apoyo yoruba a la campaña militar francesa a comienzos de 1890 son meros "accidentes históricos", voluntades emergentes, individuales y efímeras, incapaces de quebrar el *telos* "originario" de la nación, "re-emergida" en el momento en que Akinjogbin escribe su historia.[170]

La libertad lograda respecto a Oyo en 1827, el impacto de los pueblos de lengua yoruba tomados como esclavos luego de la caída de Oyo, y el cambio económico que implicó el traspaso de un sistema centrado en la exportación de esclavos y la importación de productos de lujo a uno centrado en la exportación de aceite de palma fueron factores clave en la época de Ghezo.[171] Sin embargo, el primero de ellos no es una consecuencia directa de la política de Ghezo, como pensaría Adeyinka. Simplemente porque la caída de Oyo con su desintegración hizo libre de su tutoría impositiva a Dahomey. Es cierto que se llevó a cabo una campaña militar, pero en un

[169] H. Bhabha, "DisemiNación: el tiempo, el relato y los márgenes de la nación moderna", *op. cit.*, p. 185.
[170] Véase M. Diouf, "Des historiens et des histoires...", *op. cit.*, p. 338.
[171] Véase Edna Bay, *Wives of the leopard*, *op. cit.*, p. 184.

momento en el que a Oyo le hubiera sido imposible aplicar su estructura defensiva imperial. Sin embargo, este punto es borrado adrede de las operaciones historiográficas. En la obra de Adrien Djivo no sólo encontramos la referencia a "grandes expediciones" a Oyo y a una "guerra de emancipación", sino que culmina su relato en los siguientes términos: "los ejércitos yoruba respondieron a esta grave, humillante e inhumana provocación embistiendo a Dahomey. Pero no pudieron resistir a un enemigo bien preparado, listo para todo, cuando lo que estaba en juego era grande y vital: la liberación de la patria".[172]

Más allá de que la batalla con Oyo fue rápida, con pocos atributos de heroísmo en realidad, y de que su botín fue previamente negociado —el fin de la tutela impositiva—, la importancia de la narrativa de Djivo está en que focaliza en una acción militar la proyección cultural de la nación liberada por el líder político. La patria —ausente en el relato hasta ese momento— aparece en la narrativa y *resurge en la Historia* cuando es liberada, cuando se hace independiente de la fuerza externa que la constreñía: la misma operación que conviene destacar años después de la liberación de la colonia francesa.

¿Cuál es la importancia de retomar el análisis de las relaciones entre Oyo y Dahomey en el momento de desintegración del primero? ¿Por qué hay ciertos aspectos conflictivos en esta historiografía? El imperio yoruba de Oyo, que ocupaba gran parte de lo que hoy es el oeste de Nigeria y el este de Benin, había comenzado una etapa de debilitamiento en su centro hacia la última parte del siglo XVIII. En la última década había sido depuesto un *alafin*[173] que concentraba el descontento popular, y con ello comenzaron una serie de rebeliones internas que fueron potenciadas por la revuelta musulmana de 1817 como parte de una *jihad* inspirada por los fulani del

[172] A. Djivo, *Guezo: la renovation...*, *op. cit.*, p. 73.
[173] Mayor autoridad política de Oyo.

norte.[174] La resistencia de Dahomey a subsumirse como reino tributario fue constante durante toda la época de supremacía de Oyo, con diferentes intentos de revuelta y rebeldía fiscal contrarrestados por el ejército de Oyo.[175] Las primeras dos décadas del reinado de Ghezo coincidieron en efecto con las guerras internas más fuertes en la tierra yoruba. Cuando finalmente en 1837 la capital del imperio de Oyo cayó, las posibilidades geoestraégicas para Dahomey cambiaron.[176]

Las historiologías orales indican que durante el reinado de Tegbesu (1740-1774) se habían impuesto algunas reformas administrativas y organizacionales en las políticas del estado que provenían de las estructuras políticas de Oyo. A esto se le suma que con las guerras entre los dos reinos y el colapso final de Oyo, se llevaron a Dahomey una cantidad importante de esclavos cautivos que de hecho Dahomey ya no podía vender a la trata atlántica, en franca disminución, por lo que un número alto se debió absorber en las estructuras de la sociedad fon.[177] Las fuentes europeas contemporáneas son poco precisas a este respecto. Los relatos de viajeros del siglo XVIII, como los de Norris[178]

[174] J. F. A. de Ajayi, "The aftermath of the fall of Old Oyo", en J. F. Ajayi y M. Crowder (eds.), *History of West Africa*, vol. 2, Hong Kong, Longman, 1984 [1974], pp. 136 y ss.

[175] E. Bay, *Wives...*, *op. cit.*, p. 185.

[176] Los pueblos egba/yoruba que constituyeron el reino de Abeokuta se instalaron en la antigua ciudad de Ibadan hacia la década de 1830. El impacto en la zona fue importante debido a la localización cercana de Dahomey, no sólo geográfica sino también estratégica ya que Abeokuta tomó el corredor del río Ogun como tierras y fuente de recursos, y a Badagry, al este de Porto Novo, como su puerto. Abeokuta fue ayudado por una coyuntura específica: durante el reinado de Ghezo muchos esclavos egba/yoruba que habían sido vendidos a la trata atlántica regresaron a instalarse en este mismo espacio, muchos de ellos cristianizados. Estos "retornados" fueron apoyados por la administración inglesa, no sólo al haber sido recapturados por escuadrones abolicionistas ingleses, sino sobre todo porque los ingleses se empeñaron en construir una misión cristiana en el lugar, hacia 1844, fortaleciendo la posición de la zona frente a Dahomey. Véase Edna Bay, *Wives of the leopard...*, *op. cit.*, p. 186; C. Newbury, *The western slave coast and its rulers*, Oxford, Clarendon, 1961, pp. 49 y ss.

[177] Edna Bay, *Wives...*, *op. cit.*, p. 187.

[178] R. Norris, *Memoirs of the reign of Bossa Ahadee king of Dahomy and inland country of Guiney, to which are added the author's journey to Abomey the capital and short account of the African slave trade*, Londres, F. Cass, 1968 (1769).

o Dalzel,[179] están demasiado compenetrados con el funcionamiento de las relaciones económicas y con la proyección de relaciones interatlánicas como para detenerse en un análisis que correspondiera a las relaciones culturales entre los pueblos. Por el contrario, los viajeros del siglo XIX vivían en Europa cambios fundamentales ligados con el surgimiento de las disciplinas "modernas". Viajeros como Burton[180] o Forbes[181] se detuvieron en el estudio sistemático de los "sistemas" culturales y la composición administrativa del reino de Dahomey. Pero no emprendieron un estudio que facilitara la comprensión de las relaciones interculturales. Como expresa Elisée Soumonni, esta carencia se proyectó hasta la historiografía de los tiempos contemporáneos.[182] Una de esas razones fue, como dije, la necesidad de la historiografía independentista de llevar a cabo una invención intelectual de la nación que situara en un momento específico el "origen" de la nación moderna de lo que hoy es la República de Benin.[183]

La influencia de la cultura yoruba en la tierra dahomeyana, reconocida o negada en las historiografías, es un elemento clave para comprender la diversidad en el espacio beninés actual. En este sentido, si bien antes de la década de 1840 los yoruba que habían sido resituados en Dahomey se encontraban mayormente en la costa encargados de la producción y también del ciclo de comercialización del aceite de palma (algunos proseguían como esclavos en las nuevas plantaciones, otros en la fase de intercambio), hacia 1840 ya habían llegado a la zona central del reino, Abomey. Muchos de estos yoruba hablantes reclutados por Dahomey eran parte del contingente de refugiados que ingresó en tierra dahomeyana hacia el

[179] A. Dalzel, *The history of Dahomy, an inland kingdom of Africa*, Londres, 1793. No he tenido acceso a esta fuente más que por referencias indirectas. Véase, entre otros, E. Bay, *Wives of the leopard...*; R. Law, *Dahomey and the slave trade...*, *op. cit.*

[180] R. Burton, *A Mission to Glele*, *op. cit.*

[181] Forbes, *Dahomey and the...*, *op. cit.*

[182] Elisée Soumonni, *Dahomey y el mundo atlántico*, *op. cit.*, p. 20.

[183] *Ibid.*

fin de las guerras con Oyo, y no sólo cautivos esclavizados. Los que alcanzaron las tierras centrales de la capital fueron en su mayoría los dedicados a la producción artesanal quienes crearon verdaderos barrios de población yoruba (y también akan) que reclaman genealogías diferentes hasta el día de hoy, y se caracterizan por una producción artística particular. Sin embargo, esta presencia no ha sido suficientemente reconocida en los estudios historiográficos, en parte por el problema político contemporáneo que representa esta divergencia.

Adrian Djivo destaca la política "conciliatoria" que Ghezo supo llevar a cabo con estas otras poblaciones —a diferencia de las "bárbaras" del norte—, dado que "la extensión de las regiones fuera de Abomey, el sentido y la antigüedad de sus lazos con el rey, determinan el grado de integración de las poblaciones que habitan en el seno de la jurisdicción de Abomey".[184] Este historiador recalca los lazos que los gobernantes de Ketu y Sabe establecieron con Ghezo durante su reinado (incluso el pacto de sangre) como una forma de demostrar la capacidad de aglutinación social y —no menos importante— la antigüedad del sentido inclusivo territorial del estado nacional. El problema aquí no sólo es la asimilación rápida de los lazos "políticos" con los sentidos "sociales" de pertenencia que hace Djivo, sino sobre todo el silenciamiento de los profundos sentidos de diferencia que aún hoy proyectan las poblaciones de los ex reinos de Ketu y Sabe, así como otras poblaciones yoruba respecto a Dahomey.

Parte de la memoria colectiva de los yoruba dahomeyanos que hoy habitan Benin comprende las sucesivas expediciones militares de Dahomey a sus territorios originarios. A su vez, estos agentes yoruba y mahi fueron usados por los franceses para sus servicios de inteligencia y para aquellos, los franceses representan —incluso un siglo después— el símbolo de la liberación de un reino opresor, Daho-

[184] A. Djivo, *Guezo: la renovation...*, *op. cit.*, pp. 56-57.

mey.[185] En otro sentido, uno de los factores que la historiografía colonial y nacionalista perdió de vista es la importancia de una política simbólica que Ghezo llevó a cabo con esta diversidad poblacional, vinculada con políticas de género. Ghezo usó la simbología del matrimonio para cooptar el apoyo del nuevo sector poblacional. *Ahosi* llamó el rey a los nuevos sectores exógenos que ocupaban el reino, vocablo que en lengua fon significa literalmente "esposas del rey".[186] Además Dahomey incorporó numerosos rituales de relación con los ancestros provenientes de Oyo que entraron a formar parte del sistema cultural fon. Esto se dio a partir de la inclusión de mujeres esclavas/esposas en las familias, cuya simbiosis con los rituales "legítimos" de la cultura fon —esto es, patrocinados y representados públicamente— se vio sobre todo a partir del reinado de Glelé.[187] Incluso familias de origen afro-brasileño que se encontraban en Whydah comenzaron a presentar rasgos importantes de sincretismo católico con deidades yoruba, a partir de la inclusión de esclavas/esposas en las estructuras familiares. El papel de estas nuevas mujeres integrantes de Dahomey es importante a la hora de considerar la negación que hizo la historiografía colonial de la agencia femenina. Para el imaginario europeo las mujeres sólo podían

[185] Elisée Soummoni, *Dahomey y el mundo*..., p. 32. Soumonni remarca la importancia de analizar la historia de los pueblos yoruba por dentro y por fuera de las fronteras actuales del estado nacional. En primer lugar porque fueron las élites nacionalistas las que silenciaron, en parte, la diferencia cultural llevando a cabo políticas de aislamiento y neutralización de la injerencia política y cultural de los grupos yoruba en Benin.

[186] Véase P. Hazoume, *Le pact de sang au Dahomey*, pp. 6-10; Suzanne Preston Blier, "The path of the leopard", *op. cit.*, p. 398. Esto les dio un sentido de identidad que sin embargo, es ambivalente —es un sentido de pertenencia, pero también de subalternidad genéricamente hablando— y que impidió (entre otros factores) el desmembramiento del reino. Además de este sentido simbólico de integración Ghezo incorporó otro: el religioso. El dios yoruba del hierro, Ogun, fue clave para incluir a los herreros yoruba en las estructuras de la cultura fon. Renombrado Gu en Dahomey, esta deidad estuvo ampliamente relacionada con el militarismo de la época de Ghezo, pero pocas veces se le prestó atención a la importancia de la política asimilacionista que implicaba su inclusión en el panteón fon. Véase Edna Bay, *Wives*..., *op. cit.*, p. 178.

[187] *Ibid.*

tener el rol de la esclava "moderna" en las estructuras productivas; a la vez, la negación de este factor en esas historiografías poscoloniales se complementa con la necesidad de crear una idea de homogeneidad nacional que descansara en una premisa base: el punto común de origen en un imaginario seminal que seguiría siendo, además, masculino.

Sin embargo, la historiografía independentista se apropió particularmente de esta política. Para Maurice Glelé, los matrimonios yoruba-fon y fon-mahis, viabilizados por la disposición del rey de reclutar prisioneras mujeres para casarlas en Abomey, representaron un propósito de conquista (de reinos aledaños como Ketu) con un objetivo preciso de *alianza étnica*.[188] Además, la evidencia de la venta de esclavos que Dahomey hacía a algunos reinos colindantes, como Save, es para Glelé una muestra histórica de los lazos de fusión étnica (*brassages ethniques*) en la región.[189] Este análisis presenta algunos problemas. En primer lugar porque no contextualiza las relaciones de género. Asimilar el matrimonio a la "alianza étnica" es desconocer la política que Ghezo había impuesto con respecto a separar a las mujeres de la política y quitarles toda influencia en la vida religiosa del reino representada por el culto *vodun*, fundamentalmente femenino. Si en lengua fon *kpojito* significa "esposa del leopardo", tótem originario del reino y vinculante con el costado femenino de las políticas del estado, y a la vez en el contexto de Ghezo estas figuras femeninas estaban perdiendo poder político en las decisiones del estado, siendo relegadas a un plano simbólico y más privado de conexión con la población, el llamar "esposas del rey" a los contingentes de pueblos exógenos puede implicar varias cosas: en primer lugar, la subordinación a la autoridad masculina de la monarquía; en segundo, la diferencia entre el sitio destinado a los "hijos del reino" —el común del pueblo fon— y los cooptados

[188] Véase M. Glelé, *Le Danxomé…*, *op. cit.*, p. 161.
[189] *Ibid.*, p. 163.

por la asimilación ritual. En realidad, los matrimonios fon con mujeres de otras etnias implicaban una suerte de subordinación política colectiva de esas etnias, subalternidad desplazada al campo del género. Por otro lado, las políticas de "alianza" matrimonial permitían un control político más directo de las poblaciones conquistadas.

En los diversos episodios en los cuales las mujeres son parte hacedora de la narrativa historiográfica, su figura aparece ya sea para aglutinar el sentido nacional a través de su capacidad reproductiva —Maurice Glelé—, o como el contrapoder que "colaboró" para la instalación de los europeos en la zona —Yoder, Ronen. Lo interesante es destacar que el género es una categoría silenciada *productivamente*: no es que jamás esté presente, sino que cuando se acude a la figura de la mujer, ésta es el contrapeso explicativo, el sujeto de tensión en el desarrollo histórico. Aparece como el elemento conflictivo o manipulado —rara vez agente— y como el espacio de articulación en el que se condensan las posibilidades de la modernidad (la amalgama étnica y la unión nacional), y las reminiscencias de su imposibilidad (la traición a la causa histórica).

En cuanto a la proliferación de narrativas sobre la disidencia, podríamos decir que Akinjogbin subsume las diferencias en los tiempos oscuros del "gran país Aja-Yoruba". A su vez, Adrien Djivo delimita el espacio de la disidencia y traza una geografía de los márgenes a partir de la definición de la política "imperial" de Ghezo, la misma que desde Roma configuraba los territorios de lo limitado como lo dominado, y lo ilimitado como "bárbaro".[190] Finalmente, la construcción que hace Glelé de la "idea" étnica es quizás la más llamativa. Él es el primero en utilizar la retórica del mestizaje en la consolidación de la nación *fon*.[191] Para este historiador, el pueblo y la civilización de Dahomey son el producto histórico de una fusión

[190] Véase V. Mudimbe, *The Idea of Africa*, Bloomington, Indiana University Press, 1994, pp. 72-78.

[191] Véase M. Glelé, *Le Danxomé...*, *op. cit.*, p. 180.

de etnias, viabilizada por la lengua fon, elegida por los conquistadores aja para aglutinar a la población.[192] El pueblo fon es entonces un pueblo mestizo, pluriétnico,[193] compuesto de la variopinta identidad a que dio lugar la política expansionista e integracionista de Dahomey, pero cuyos padres forjaron la identidad *fon.*

Lo interesante en este punto radica, por un lado, en que ciertas poblaciones que hoy habitan la República de Benin (y que fueron parte de Dahomey en su afán expansivo) no se reconocen *fon* y ven a Dahomey como un reino "colonizador" y a la penetración francesa como parte de la "liberación" del yugo dahomeyano, elemento pocas veces estudiado o al menos aludido.[194] Pero por otro lado, muestra nuevamente que mediante una retórica de elasticidad conceptual como es la etnia en su sentido de definición identitaria, la nación está agenciada en el mismo grupo —aja— que "elige" un vehículo —la lengua fon— para transportar y expandir una noción predestinada de trayectoria. El subtítulo del libro lo anticipa con claridad: "del poder Aja a la nación fon". La fusión es un producto no de las contingencias históricas, sino de la *realización programática* del estado encarnado en esos anónimos "conquistadores aja", los mismos que en *Dahomey and its neighbours* irrumpían en la Historia para regularizarla.

En este acápite he tratado de dejar en claro los atributos polisémicos en la intersección de la etnia y la nación en es-

[192] Glelé es el único historiador que hace esta aseveración como una separación entre el sentido "lingüístico" fon y su conformación más tardía como un producto de fusión cultural.

[193] Este concepto lo utiliza en M. Glelé, *Le Danxomé...*, *op. cit.*, p. 168.

[194] Véase E. Soumonni, *Dahomey y el mundo atlántico*, *op. cit.*, pp. 53-54. Es interesante la escena reproducida en *Doguicimi*, en la que un esclavo de la etnia *mahi* va a ser sacrificado. Antes de ser decapitado, alcanza a pronunciar un discurso "*que apenas se oye entre la multitud*", en la que declara que los dahomeyanos son crueles, y que su argumento religioso acerca de los motivos de los sacrificios era una falacia conocida por todos. El discurso que apenas se oye es el del esclavo, pero simbólicamente es también el del escritor Hazoumé. Véase P. Hazoumé, *Doguicimi*, *op. cit.*, pp. 111-112; E. Coundouriotis, *Claiming history...*, *op. cit.*, p. 100.

tos discursos históricos. Quizás éste sea el lugar donde las distancias discursivas se hacen más palpables en las narrativas analizadas. En ellas, la diferencia étnica es polisémica: por un lado puede ser parte de la sumisión de cualquier voluntad identitaria a la potencia amalgamante de la tradición inmemorial, la misma que define quiénes pertenecen a la "gran familia" y quiénes son "vecinos", como en el caso de Akinjogbin. Por otro lado, puede ser parte de la tarea "domesticadora" de la nación como en Glelé, o "delimitante" de la misma como en Djivo. Esto no sólo lo traigo a colación para demostrar la inexistencia de un sentido "programático" o canónico en estos discursos historiográficos, sino también para llamar la atención acerca del poder performativo[195] que tienen estos discursos académicos. La adaptación del texto de Djivo como manual escolar y la fuerza política de Glelé como "historiador de estado" son parte importante de esta transferencia de categorías, realidades discursivas, al mundo social.

"Cronófagos", denomina el cineasta senegalés Ousmane Sembène a los historiadores, particularmente de África: degluten el tiempo disciplinándolo, ocultan la multiplicidad de los discursos y abigarran el metarrelato en un zigzag de hechos reducidos a su mínima importancia.[196] Quizás sea más acertado pensar a estos historiadores analizados como "rumiantes". No es que devoren las temporalidades múltiples en un acto represor, sino más bien que devuelven al discurso una imagen compleja y productiva, poliforme, sobre los sentidos de la temporalidad de la experiencia, la conformación histórica de la identidad y la polisemia del acontecimiento. Al hacerlo, proponen una "ontología política del pasado"[197] que requiere

[195] Uso este término en el sentido de "acto enunciativo" como acto creador de efectos, productor de sentido. Véase J. Austin, *Cómo hacer cosas con palabras: palabras y acciones*, Barcelona, Paidós, 1982.

[196] Citado en M. Diouf, "Des historiens et des histoires...", *op. cit.*, p. 339.

[197] Véase R. Roberts, "History and memory: the power of statist narratives", *op. cit.*, p. 515.

un esfuerzo de deconstrucción: el reconocimiento permanente de la elisión, el olvido y la desmesura, en primer lugar como partes integrantes —y no simplemente como patología— de la operación historiográfica; y en segundo lugar como hacedores de sentidos diversos de modernidad local.

Entre la contradictoria situación enunciativa de estas historiografías que proclaman la resistencia anticolonial desde una escritura "alterna" de la historia a la vez que hacen uso de claras reminiscencias ilustradas, se instala, sin embargo, una capacidad poderosa: *una* nación (y no *la* nación) es *creada* en el texto, con la legitimidad racionalista que confiere la epistemología disciplinar, con los cimientos fundantes del imaginario europeo, pero con una producción particular de relaciones de poder y diferencia que establece otras jerarquías, otros mapas del lugar subjetivo de las clases y de los grupos étnicos en el desarrollo de la nación.

CONCLUSIONES

El epígrafe de Cheik Amidou Kane con el que comienza este trabajo transmite las palabras de un jefe aldeano (*peul* y musulmán) al nuevo administrador de distrito de Senegal en pleno contexto colonial. En ellas, un sentido puro de la experiencia moderna trasladada a África aparece como el absoluto realizable en lo que Kosselleck llamaba el "horizonte de expectativas": "tendremos, estrictamente, el mismo futuro". La diferencia es que ese horizonte está configurado en el imaginario subalterno del colonizado. Más que un ingenuo sentido profético, estas palabras pueden indicar un punto clave para las historias dahomeyanas analizadas: el futuro también se realiza en el "espacio de la experiencia", en la narración y en la dotación de sentido particular del pasado. Allí se conforma una noción deseable de la experiencia social y política de los pueblos; y en este caso, de la experiencia revolucionaria y redentora de Dahomey: sin culpas históricas, sin responsabilidades extemporáneas que resolver. La Historia es la que indica que el futuro es explícito, porque el pasado es el que revela el destino exitoso de la nación. Aquí los sentidos de la operación historiográfica parecen revertirse: la "verdad" no recae sobre la búsqueda de "un" pasado, sino sobre la exhumación explicativa de un único futuro posible.

Las historiografías de Glelé, Akinjogbin, Djivo, como las otras aquí analizadas, han sido operaciones intelectuales de renovación gravitacional a la hora de comprender de una vez por todas, aludiendo a Gaurav Desai, que los africanos no sólo producen "documentos": también producen historia.[1] Una historia repleta de lecturas intertextuales, de riqueza infinita en su relevancia política. Pero también he intentado poner sobre el tapete aquello que Chakrabarty denomina las estrategias represivas del discurso histórico, las connivencias del discurso africanista con la narrativa ilustrada, la misma que sirvió de plafón intelectual para el dominio colonial; y sobre todo, su resignificación dentro del discurso africano.

Se ha escrito mucho, muchísimo sobre Dahomey, la costa de los esclavos y la "sangría demográfica" que su accionar esclavista produjo en África. Pero se ha reflexionado poco acerca de qué elementos situacionales y contingentes, qué relaciones de poder —políticas y académicas— y qué urgencias epistemológicas —históricamente cambiantes— han condicionado, coadyuvado y producido esas narrativas. En este pequeño trabajo traté de analizar las múltiples tensiones que se advierten en esas narrativas: lejos de ser un punto "cero", las reminiscencias coloniales aparecen en el discurso mostrando el poder capilar de las epistemologías del imperio, pero dejando entrever también su potencial de traducción a las experiencias vernáculas, capaces de "usar" esa matriz epistemológica y pulverizarla mostrando su debilidad, su desmesura, su capacidad polisémica.

Dahomey es el estado nuevo, promisorio. En su seno, la trata esclavista es la historia tergiversada de una cruzada incomprendida y fallida. A la vez, es el nodo conflictivo a partir del cual se explica la modernidad económica, interna y "puramente" africana. En las historiografías analizadas, Dahomey, como célula destinada a desarrollarse en el tiempo de los hombres y de los hechos, sostiene en sí mismo aquello que Marshall Berman llamaba "el entero poder de la idea de modernidad":

[1] Véase G. Desai, *Subject to colonialism. African self fashioning and the colonial library*, Durham, Duke University Press, 2001, p. 119. Desai se refiere principalmente al tratamiento colonial de los discursos, dentro del cual el conocimiento africano es simplemente una "coda". Como bien expresa el autor, el problema no es sólo que este tipo de consideraciones autorice ciertas "voces" en detrimento de otras, sino que legitiman sólo ciertos "tipos" de discurso.

la de un punto de partida radicalmente nuevo que pueda constituirse en un verdadero presente.[2] En estas historias singulares, el punto de partida no es la independencia política o la liberación del yugo colonial. Al contrario, ese punto se fija en el pasado histórico y está encarnado en un "sujeto" —o en un "personaje subjetivado": el estado en Akinjogbin; el rey Ghezo en el caso de Adeyinka y de Djivo. Qué o quiénes encarnan el *locus* de partida no importa tanto como lo que produjo esa idea: es el pasado el que debe aparecer como algo "completamente nuevo", como un "verdadero presente". El pasado despojado —o más bien pulido— de sus propios anacronismos es la imagen más recurrente de nuestras historias dahomeyanas.

A esto se suma un punto, y es la característica de "intermediación" de los historiadores africanos. Las historiologías creadas antes de la colonia no intentan en absoluto fijar "una" producción de sentido "verdadero" sobre el pasado. Las historias de la monarquía se superponen a las narraciones periféricas a la corte y socialmente reconocidas como *exempla*. Sin embargo, la recuperación de esas historias por parte de la academia occidental ha sido —y es aún— un tema polémico. Analizar este punto merece en sí mismo la escritura de un libro. Es sabido que los "informantes" africanos han proporcionado información inventada *in situ*, desplazada de los sentidos comunitarios del saber compartido —aunque tampoco exista una circulación "pura" de la información. Esto sucedió en un contexto de reticencia a cualquier utilización discrecional de la información africana por parte de la administración colonial, un rechazo a aquellos "hombres que lo anotaban todo". Sin embargo, interesa traer a colación esto por el espacio liminar en el que se colocan explícitamente historiadores que he trabajado. En ese contexto, Maurice Glelé afirma ser el único a quien "to-

[2] M. Berman, *All that is solid melts into air*, p. 331, citado en D. Chakrabarty, *Provincializing Europe...*, *op. cit.*, p. 244.

das las puertas de la información le han sido abiertas",[3] por ser fon, por pertenecer a la familia real, por merecer las versiones "verdaderas" de la historia y por tener formación académica occidental.

Glelé se posiciona en un espacio en primera instancia difícil de aprehender desde las "reglas de operación" del conocimiento histórico. El clásico binarismo —errado— que identificaba el conocimiento precolonial con lo "oral", el África de los *griots*, y el saber poscolonial con el poder de lo escrito en términos legisladores,[4] es sintetizado por Glelé; él amalgama la aporía, restaura la fisura. Autor "iniciado", con las "claves" de la disciplina occidental y las de la omnicomprensión de la alteridad africana, el historiador beninés se autoproclama en el lugar del *gurú*, y encuentra la solución conciliadora del problema epistemológico quizás más acudido desde el estructuralismo: la posibilidad de hablar del Otro/la posibilidad del Otro de hablar. En este tipo de artilugios argumentativos, hay una especie de esoterismo en la definición autorial; y desde esa perspectiva, los historiadores y lectores de este lado del mundo y del conocimiento estamos implícitamente excluidos de cualquier posibilidad de evaluar, constatar o analizar críticamente su discurso histórico; somos el símbolo roto, carecemos de una parte del todo gnoseológico que nos convierte inmediatamente en subalternos respecto a su aparente posesión holística del conocimiento y de la comprensión de la historia.

Acudo a este ejemplo para dejar planteadas algunas preguntas. En estas páginas he tratado de desmantelar las estrategias discursivas tendientes al exorcismo de algunos "fantasmas" de la historia de Dahomey, las connivencias entre categorías coloniales/seducciones modernas/invenciones nacionales, y los sentidos productivos con los que esas narrativas podrían

[3] Véase M. Glelé, *Le Danxomé...*, *op. cit.*, p. 22.

[4] Véase un debate sugerente sobre las resonancias epistemológicas de este binarismo en G. Desai, *Subject to colonialism...*, *op. cit.*, p. 9.

repercutir en el mundo social. Sin embargo, la postura de Glelé recuerda un nodo subyacente en el trabajo: la crítica al lugar de la historia como narrativa garante del *telos*-progreso.

El espacio liminar en el que Glelé se posiciona —e implícitamente coloca a cualquier historiador africano— es sin duda el de la reinscripción desestabilizadora al que Said aludía. El saqueo del encuentro colonial se revierte en este punto: la posesión de las "claves" de la historia, en ambas versiones, que a su vez son infinitas como los espejos borgianos, representan en parte el "empoderamiento" del subalterno.[5] ¿Hasta qué punto la estrategia de Glelé no es una forma de manipular la Historia usando su soporte para demostrar la imposibilidad de su realización? ¿Acaso no es la suya una forma elegante —y temprana— de dar vuelta al espejo de la ciencia social y mostrar(nos) las formas peculiares de violencia epistémica, las estrategias represivas y performativas del discurso histórico y su connivencia con las relaciones de poder más contingentes? Y si así fuera, ¿cuál sería nuestra respuesta intelectual desde este lugar espacial e institucional, México, América Latina?

Como decía Brecht refiriéndose al anónimo obrero de Tebas, las preguntas no tienen respuesta por ahora, pero conservan toda su carga y merecen ser planteadas.

[5] Tal vez la palabra anglosajona *empowerment* sea más clara e intraducible en este caso.

BIBLIOGRAFÍA

Adeyinka, A., "King Ghezo of Dahomey 1818-1858, A reassessment of a West African monarch in the XIX century", *African Studies Review*, 17, 3, 1974.

Akinjogbin, I., *Dahomey and its neighbours (1708-1818)*, Londres, Cambridge University Press, 1967.

Alagoa, E., "Fon and Yoruba: the Niger Delta and the Cameroon", en A. Ogot (comp.), *General History of Africa*, t. V, UNESCO, 1992.

Amin, S., *Impérialisme et sous-développement en Afrique*, París, Anthropos, 1988.

Anderson, B., *Comunidades imaginadas*, México, FCE, 1993 (1991).

Asiwaju, A. y R. Law, "From the Volta to Niger, c. 1600-1800", en J. Ajayi y M. Crowder (eds.), *History of West Africa*, Nueva York, Longman, 1985 (1971).

Austin, J., *Cómo hacer cosas con palabras: palabras y acciones*, Barcelona, Paidós, 1982.

Balandier, G., *El desorden: la teoría del caos y las ciencias sociales. Elogio a la fecundidad del movimiento*, Barcelona, Gedisa, 1992.

Bay, E., *Wives of the leopard: gender, politics and culture in the kingdom of Dahomey*, Virginia University Press, 1998.

——, "Protection, political exile and the Atlantic slave trade: history and collective memory in Dahomey", en E. Bay (comp.), *Rethinking the African Diaspora*, Emory Univerity Press, 2001.

Bhabha, H., "DisemiNación: el tiempo, el relato y los márgenes de la nación moderna", en H. Bhabha, *El lugar de la cultura*. Traducción de César Aira. Buenos Aires, Manantial, 2002 (1994).

——, "Signos tomados por prodigios. Cuestiones de ambivalencia y autoridad bajo un árbol en las afueras de Delhi", en H. Bhabha, *El lugar de la cultura*. Traducción de César Aira. Buenos Aires, Manantial, 2002 (1994).

Bjorson, R., "Introduction", en P. Hazoumé, *Doguicimi*, Washington, Three Continent Press, 1990.
Bruner, E., "Tourism in Ghana. The representation of slavery and the return of the black Diaspora", *American Anthropologist*, 98, 2, 1996.
Burton, R., *A Mission to Glele, king of Dahome*, Londres, 1966 (1864).
Campion-Vincent, V., "L'image du Dahomey dans la presse française (1890-1895). Les sacrifices humains", *Cahiers d'Études Africaines*, 7, 25, 1967.
Castro Gómez, S., "The Social Sciences, Epistemic Violence and the Problem of the 'Invention of the Other'", en S. Dube, I. Banerjee-Dube y E. Lander (eds.), *Critical Conjunctions: Formations of Colony and Formations of Modernity*, número especial de *Nepantla: Views from South*, 3, 2, Duke University Press, 2002.
Certeau, M. de, *La escritura de la historia*, México, Universidad Iberoamericana, 1975.
Cohen, D., *The combing of history*, Chicago y Londres, University of Chicago Press, 1994.
Commaroff, J. *Ethnography and the historical imagination*, Boulder, Westview Press, 1992.
Cooper, F., "Africa's past and Africa's historians", *Canadian Journal of African Studies*, 34, 2, 2000.
——, "Conflict and connection: rethinking colonial African history", *American Historical Review*, 99, 1994.
Coquery-Vidrovitch, C., "De la traite des esclaves a l'exportation d'huile de palme et des palmistes au Dahomey: XIXe siècle", en Claude Meillasoux (ed.), *The development of indigenous trade and markets in West Africa*, Londres, Oxford University Press-International African Institute, 1971.
——, "La fête des coutumes au Dahomey: Historique et essai d'interprétation", *Annales E. S. C.*, XIX, 1964.
Cornevin, R., *Histoire du Dahomey*, París, Berger-Levrault, 1962.
Coundouriotis, E., *Claiming history. Colonialism, ethnography, and the novel*, Nueva York, Columbia University Press, 1999.
Curtin, Ph., *The Atlantic slave trade. A census*, Madison, University of Wisconsin Press, 1969.
Chakrabarty, D., "Postcolonialismo y el artificio de la historia. ¿Quién habla en nombre de los pasados 'indios'?", en Walter Mignolo (comp.), *Capitalismo y geopolítica del conocimiento*, Buenos Aires,

El Signo/Duke University, 2001, p. 169. [Art. aparecido por primera vez en inglés en *Representations*, 37, invierno de 1992].

——, *Provincializing Europe. Postcolonial thought and historical difference*, Princeton, Princeton University Press, 2000.

Chatterjee, P., *Nationalist thought and the colonial world. A derivative discourse?*, Minneapolis, University of Minnesota Press, 1986.

Desai, G., *Subject to colonialism. African self fashioning and the colonial library*, Durham, Duke University Press, 2001.

Dibua, J. I., "The idol, its worshippers, and the crisis of relevance of historical scholarship in Nigeria", *History in Africa*, 24, 1997.

Diouf, M., "Introduction: entre L'Afrique et l'Inde: sur les questions coloniales et nationales. Ecritures de l'histoire et recherches historiques", en Mamadou Diouf (comp.), *L'historiographie indienne en débat. Colonialisme, nationalisme et sociétés postcoloniales*, París-Amsterdam, Sephis/Karthala, 1999.

——, "Des historiens et des histoires, pour quoi faire? L'histoire africaine entre l'état et les communautés", *Canadian Journal of African Studies*, 34, 2, 2000.

Djivo, A., *Guézo: la rénovation du Dahomey*, París, ABC, 1977.

Duara, P., *Rescuing history from the nation. Questioning narratives on modern China*, Chicago y Londres, University of Chicago Press, 1995.

Dube, S., "Espacios encantados y lugares modernos", en S. Dube, I. Banerjee-Dube y W. Mignolo (coords.), *Modernidades coloniales. Otros pasados, historias presentes*, México, El Colegio de México-CEAA, 2004.

——, *Genealogías del presente. Conversión, colonialismo, cultura*, México, El Colegio de México-CEAA, 2003.

Fabian, J., *Time and the Other. How Anthropology Makes its Object*, Nueva York, 1983.

Fage, J., "Slavery and the slave trade in the context of West African History", *Journal of African History*, 10, 3, 1969.

Fall, Yoro, "L'histoire et les historiens dans l'Afrique contemporaine", en René Rémond (dir.), *Être historien aujourd'hui*, París, UNESCO-Erès, 1988.

Feierman, S., "African histories and the dissolution of World History", en V. Mudimbe y O'Barr (eds.), *Africa and the disciplines. The contributions of research in Africa to social sciences and humanities*, University of Chicago Press, 1995.

Flint, J. E., "Economic change in West Africa in the XIXth. Century", en A. Ajayi y M. Crowder (eds.), *History of West Africa*, vol. 2, Londres, Longman, 1974.

Foucault, M., "Nietzsche, la genealogía, la historia", en *Microfísica del poder*, Madrid, La Piqueta, 1992.

García, L., *Le royaume du Dahomé face a la pénétration coloniale. Affrontements et incompréhension (1875-1894)*, París, Karthala, 1984.

Glelé, M., *Le Danxomé. Du pouvoir aja à la nation fon*, París, Nubia, 1974.

Green, S., "Notsie narratives: history, memory and meaning in West Africa", en Saurabh Dube (ed.), *Enduring Enchantments*, número especial de *South Atlantic Quarterly*, 101, 4, otoño de 2002.

Guha, R., *Dominance without hegemony. History and power in colonial India*, Cambridge, Harvard University Press, 1997.

Harneit-Sievers, A., "Introduction: new local historiographies from Africa and south Asia: approaches and issues", en A. Harneit-Sievers (ed.), *A place in the world: new local historiographies from Africa and South Asia*, Leiden-Boston-Köln, Brill, 2002.

Hartman, Saidiya, "The time of slavery", en Saurabh Dube (ed.), *Enduring Enchantments*, núm. esp. de *South Atlantic Quarterly*, 101, 4, otoño de 2002.

Hazoumé, P., *Le pact de sang au Dahomey*, París, Institute d'Ethnologie, 1937.

——, *Doguicimi*, Washington, Three Continent Press, 1990. Traducción al inglés de Richard Bjorson (1ª. ed. en francés, 1938).

Herskovits, M., *Dahomey: an ancient West African Kingdom*, Nueva York, 1938.

—— y F. Herskovits, *Dahomean narratives. A cross cultural analyses*, Evanston, 1958.

Hobsbawm, E., "Introduction: inventing traditions", en E. Hobsbawm y T. Ranger (eds.), *The invention of tradition*, Cambridge University Press, 1983.

—— y T. Ranger (eds.), *The invention of tradition*, Cambridge University Press, 1983.

Jewsiewicki, B., "Introduction: One historiography or several? A requiem for Africanism", en B. Jewsiewicki y C. Newbury (eds.), *African Historiographies. What history for which Africa?*, California, Sage Publications, 1986.

——— y C. Newbury (eds.), *African historiographies. What history for which Africa?*, California, Sage Publications, 1986.

Koselleck, R., *Futuro pasado. Para una semántica de los tiempos históricos*, Paidós, Barcelona, 1993 (1979).

Kossou, B., "La noción de poder en el área cultural adja-fon", en I. Akinjogbin (comp.), *El concepto de poder en África*, París, UNESCO, 1982.

Law, R., "'My head belongs to the king': on the political and ritual significance of decapitation in pre-colonial Dahomey", *Journal of African History*, 30, 1989.

———, "History and Legitimacy: aspects of the use of the past in precolonial Dahomey", *History in Africa*, XV, 1988.

———, "Human sacrifice in pre-colonial West Africa", *African Affairs*, 84, 334, 1985.

———, "Dahomey and the slave trade: reflections on the historiography of the rise of Dahomey", *Journal of African History*, 27, 1986.

———, "Further light on Bulfinch Lambe and the 'Emperor of Pawpaw': king Agaja of Dahomey's letter to King George I of England, 1726", *History in Africa*, 17, 1990.

———, *The slave coast of West Africa. The impact of the Atlantic slave trade on an African society (1550-1750)*, Oxford, Clarendon Press, 1991.

Lonsdale, J., "African pasts in Africa's future", *Canadian Journal of African Studies*, 23, 1, 1989.

Lovejoy, P., "Nigeria: the Ibadan school and its critics", en B. Jewsiewicki y C. Newbury (eds.), *African historiographies. What history for which Africa?*, California, Sage Publications, 1986.

Medeiros, F. de (ed.), *Peuples du Golfe du Bénin Aja-Ewe*, París, Karthala, 1984.

Manning, P., "Hegelian dialectics in Benin kingdom historiography", *Canadian Journal of African Studies*, 20, 3, 1986.

———, *Slavery, colonialism and economic growth in Dahomey (1640-1960)*, Cambridge University Press, 1982.

Mbembe, A., "The banality of power and the aesthetics of vulgarity in the postcolony", *Public Culture*, 4, 1992.

McCaskie, T., "Komfo Anokye of Asante: meaning, history and philosophy in an African society", *Journal of African History*, 27, 1986.

Miller, J., "History and Africa/Africa and history", *American Historical Review*, vol. 104, 1999.

Morton Williams, P., "A Yoruba woman remembers servitude in a palace of Dahomey", *Africa*, 63, 1993.
Mozejko de Costa, D. T., "La construcción de los héroes nacionales", *Estudios*, núm. 6, Argentina, Centro de Estudios Avanzados, Universidad Nacional de Córdoba, 1996.
Mudimbe, V., *The Idea of Africa*, Bloomington, Indiana University Press, 1994.
Newbury, C., *The Western Slave Coast and its rulers*, Oxford, Clarendon Press, 1961.
Nietzsche, F., *Sobre verdad y perjuicio de la historia para la vida*, Córdoba, Alción Editora, 1998. Traducción del alemán de Óscar Caeiro.
Norris, R., *Memoirs of the reign of Bossa Ahadee king of Dahomy and inland country of Guiney, to which are added the author's journey to Abomey the capital and short account of the African slave trade*, Londres, F. Cass, 1968 (1769).
Norton, A., "Ruling memory", en *Political Theory*, 21, 3, 1993.
Oyeniyi, O., "Dramatizing postcoloniality: nationalism and the rewriting of History in Ngugi and Mugo's 'The Trial of Dedan Kimathi'", *History in Africa*, 28, 2001.
Pandey, G. y P. Geschiere, "The forging of nationhood. The contest over citizenship, ethnicity and history", en G. Pandey y P. Geschiere (eds.), *The forging of nationhood*, Nueva Delhi, Manohar-Sephis, 2003.
Pietek, R., "The development and the structure of the state of Dahomey until 1724", *Africana Bulletin*, 38, Warszawa, 1991.
Polanyi, K., *Dahomey and the slave trade*, Washington, University of Washington Press, 1967.
Prakash, G., "Peut-on écrire des histoires postorientalistes du Tiers Monde? Réponses de l'historiographie indienne", en M. Diouf (dir.), *L'historiographie indienne en débat. Colonialisme, nationalisme et sociétés postcoloniales*, París-Amsterdam, Sephis/Karthala, 1999.
Preston Blier, S., "The path of the leopard: motherhood and majesty in early Danhomé", *Journal of African History*, 36, 3, 1995.
Ranger, T., "African initiatives and resistance in the face of partition and conquest", *General History of Africa*, UNESCO, vol. VII, 1991.
——, "Postscript. Colonial and postcolonial identities", en R. Werbner y T. Ranger (eds.), *Postcolonial identities in Africa*, Londres y Nueva Jersey, Zed Books, 1996.

——, "The invention of tradition in Colonial Africa", en E. Hobsbawm y T. Ranger (eds.), *The invention of tradition*, Cambridge University Press, 1983.

——, "The invention of tradition revisited: the case of colonial Africa", en T. Ranger y V. Olufemi (eds.), *Legitimacy and the state in twentieth-century Africa*, St. Antony/Macmillan Series, 1993.

—— y V. Olufemi (eds.), *Legitimacy and the state in twentieth-century Africa*, St. Antony/Macmillan Series, 1993.

Roberts, R., "History and memory: the power of statist narratives", *International Journal of African Historical Studies*, 33, 3, 2000.

Ronen, D., "On the African role in trans-Atlantic slave trade in Dahomey", *Cahiers d'Études Africaines*, 11, 1, 1971.

——, "The colonial elite in Dahomey", *African Studies Review*, 17, 1, 1974.

——, *Dahomey. Between tradition and modernity*, Ithaca, Cornell University Press, 1975.

Ross, D., "European models and West African History. Further comments on recent historiography of Dahomey", *History in Africa*, 10, 1983.

——, "Mid-XIX century Dahomey: recent views *vs.* contemporary evidence", *History in Africa*, 12, 1985.

Said, E., *Culture and Imperialism*, Nueva York, Knopf, 1993.

Schmuckler, H., "Entre historia y memoria", *Estudios*, núm. 10, Argentina, Centro de Estudios Avanzados, Universidad Nacional de Córdoba, 1998.

Shaw, R., *Memories of the slave trade: ritual and the historical imagination in Sierra Leone*, Chicago, University of Chicago Press, 2002.

Shohat, E., "Notes on the 'Post-colonial'", en P. Mongia (ed.), *Contemporary postcolonial theory. A reader*, Londres, Arnold, 1996.

Singleton, Th., "The slave trade remembered on the former gold and slave coasts", *Slavery and abolition*, 20, 1, 1999.

Snelgrave, William, *A new account of some parts of Guinea and the slave trade*, Londres, 1966 (1764).

Soumonni, E., "Ouidah dentro de la red de comercio transatlántico de esclavos", en Rina Cáceres (comp.), *Rutas de la esclavitud en África y América Latina*, San José, Universidad de Costa Rica, 2001.

——, *Dahomey y el mundo atlántico*, Río de Janeiro/Amsterdam, Sephis-Universidade Candido Mendes, 2001.

Stoler, A. L., *Carnal knowledge and imperial power. Race and the intimate in colonial rule*, Los Ángeles, University of California Press, 2002.

—— y F. Cooper, "Between metropole and colony: rethinking a research agenda", en F. Cooper y A. Stoler (eds.), *Tensions of Empire: colonial cultures in a burgeois World*, Berkeley, University of California Press, 1997.

Trouillot, M. R., *Silencing the past: power and the production of history*, Boston, Beacon Press, 1995.

Vansina, J., *Oral tradition as history*, Madison, University of Wisconsin Press, 1985.

Werbner, R., "Introduction: multiple identities, plural arenas", en R. Werbner y T. Ranger (eds.), *Postcolonial identities in Africa*, Londres y Nueva Jersey, Zed Books, 1996.

—— y T. Ranger (eds.), *Postcolonial identities in Africa*, Londres y Nueva Jersey, Zed Books, 1996.

White, H., *El contenido de la forma*, Barcelona, Paidós, 1992.

Wickramasinghe, N., "L'histoire en dehors de la nation", en Mamadou Diouf (comp.), *L'historiographie indienne en débat. Colonialisme, nationalisme et sociétés postcoloniales*, París/Amsterdam, Sephis/Karthala, 1999.

Yoder, J. C., "Fly and Elephant parties: political polarization in Dahomey (1840-1870)", *Journal of African History*, XV, 3, 1974.

Young, Robert, *White mythologies. Writing history and the West*, Londres y Nueva York, Routledge, 1990.

Reinscripciones del pasado
Nación, destino y poscolonialismo
en la historiografía de África Occidental
se terminó de imprimir en julio de 2006
en los talleres de Tipográfica, S.A. de C.V.,
Imagen 26, Lomas de San Ángel Inn
01790 México, D.F.
Formación: Solar, Servicios Editoriales, S. A. de C.V.
Portada: Irma Eugenia Alva Valencia
Cuidó la edición Dirección de Publicaciones
de El Colegio de México.